사람의 마음을 얻는

호감 대화법

사람의 마음을 얻는 호감 대화법

2014년 12월 05일 1판 1쇄 인쇄
2015년 03월 02일 1판 3쇄 펴냄

지은이 | 가미오카 신지
옮긴이 | 홍영의
기   획 | 김민호
발행인 | 김정재 · 김재욱

펴낸곳 | 나래북 · 예림북
등록 | 제 313-2007-23호
주소 | 서울 마포구 독막로 10(합정동) 성지빌딩 616호
전화 | (02) 3141-6147
팩스 | (02) 3141-6148
이메일 | naraeyearim@naver.com

ISBN 978-89-94134-38-3 03320

사람의
마음을 얻는

호감
대화법

절묘한 대화술을 익힐 수 있는 90가지 실례

가미오카 신지 지음 / 홍영의 옮김

나래북

불쾌하게 만드는 말에
주의하여 호감을 주자!

'말' 이라는 것은 인간만이 가지고 있는 편리한 도구(툴)다.

태어나서 죽을 때까지, 소통을 위해서 모든 사람이 이 도구의 도움을 얻는다.

그러나 익숙하게 사용하는 동안 어느 사이엔가, 그야말로 우리도 모르는 사이에 이 편리한 도구가 악마처럼 작용하는 경우가 있다.

워낙 이 도구는 개개인의 사용방법에 따라서 상당히 특징적인 색채를 가지며, 복잡한 음영을 띠는 것으로도 변할지 모르기 때문이다.

별 생각 없이 내뱉은 한마디가 상대방의 마음에 깊은 상처를 주는 뉘앙스를 머금고 있기도 하고, 표현의 방법이 조금 부족해서 진의가 반대로 전달되기도 하고, 자신도 모르게 한 말 때문에 지뢰를 밟은 것 같은 소동이 일어나기도 한다.

인간관계에서 오해의 소지가 있는 말을 자신도 모르는 사이에 여기저기 뿌리거나, 분노의 감정을 증폭시키기만 할 뿐인 말을 연발한 경험은 없는지.

사람에게는 '말버릇'이라 불리는 습관성 '표현법'이 있는데 무의식중에 순간적으로 튀어나오는 이러한 표현이 타인의 기분을 상하게 하거나, 반발심을 품게 하는 경우는 어디서나 참으로 흔히 볼 수 있다.

도를 넘어선 경우라면 권력을 등에 업은 협박성 괴롭힘이나 일상적으로 정신적 고통을 주는 학대행위로 결국에는 지탄의 대상이 될지도 모를 일이지만 특별한 대상을 정해놓지 않고 당신 주위에 있는 사람 모두에게 일상적으로 쓰는 말버릇이라면 어떻게 될까?

어느 사이엔가 당신 주위에서 사람들의 모습이 사라져버리는 사태가 벌어지게 될지도 모른다.

혼자서는 살아갈 수 없으므로 인간은 사회적 동물이라 불리는 것이다.

당신 주위에서 사람들의 모습이 사라져 간다면 출세고 사랑이고 사업이고 전부 기회에서 멀어진 것이나 다를 바 없지 않겠는가?

사람들에게서 공감을 얻기는커녕 반감만 더욱 크게 만들어 버리는 고독한 인생.

'나는 괜찮다. 내게 그런 일은 절대로 일어나지 않을 것이다.' 라고 자신 있게 단언할 수 있는 사람이 과연 있을까?

'말' 이라는 도구도 때때로 꼼꼼하게 가다듬고 부지런히 손질하지 않으면 자신도 모르는 사이에 때가 끼기도 하고 녹이 슬기도 하고 먼지투성이가 되기도 하여 원래의 역할을 하지 못하게 된다는 사실을 알아두시기 바란다.

'말씨' 는 뇌의 작용, 사고방식을 그대로 나타내는 것임과 동시에, 선택한 말에 의해서 당신이 점차로 영향을 받고 지배를 받게 된다는 반면의 작용도 있는 법이다.

긍정적인 말을 쓰면 뇌의 활동도 밝아지고 능동적, 긍정적으로 바뀌는 것처럼 부정적인 말을 사용하는 빈도가 높을수록 그만큼 사고 회로도 폐쇄적이 될 수밖에 없는 성질을 가지고 있다.

"어차피 ~일 텐데, 뭐.", "하지만 그건 ~이잖아."라는 다른 사람의 한마디 말버릇에서조차 그 사람의 부정적인 자세나 비뚤어진 성격을 느낀 경험이 누구에게나 있을 것이다.

자신은 의식하지 못한다 할지라도 말과 뇌의 잠재의식이 가진 성향 사이에는 밀접한 인과관계가 있으며 언제나 서로에게 작용하고 있다.

이 책은 당신이 별 생각 없이 사용하고 있을 이러한 '미움받는 말버릇'에 대해서, 대표적인 패턴을 예시하여 경종을 울리자는 취지에서 정리한 것이다.

당신이 무의식중에 사용하여 상대를 불쾌하게도 하고 화나게도 하는 여러 가지 '미움받는 표현'들.

어째서 그런 표현들을 쓰게 되는지, 사용하지 않으려면 어떻게 해야 하는지, 그리고 그런 말을 듣는 입장이 되었을 때에는 어떻게 대처하는 것이 현명한 방법인지 등을 심리학적 이론 등도 활용하여 분명히 하였다.

이처럼 '미움받는 말버릇'에 대해서 깊이 분석하면 분석할수록 '호감 받는 대화법'이란 어떤 것인지를 저절로 이해할 수 있게 될 것이다.

당신의 '말씨'를 가다듬고 체질개선에까지 도움이 된다면 더할 나위 없이 기쁘겠다.

−가미오카 신지

Contents

Contents

Contents

Contents

CHAPTER 01

'자기 어필형'

····· 자기중심적인 말을 사용하지 말 것

"자네도 내 입장이 되면 이해할 거야."
— 성의 없는 말에는 주의를 기울이자

부인과의 대화, 부하나 동료, 친구들과의 대화 가운데서 이런 말이 자신도 모르게 튀어나왔던 적은 없었는지? 이런 말을 하고 있는 본인은 그것이 설명할 책임을 회피하기 위한 구실이라는 사실을 깨닫지 못하는 경우가 많다.

대화는 캐치볼과 같은 요령으로 하는 것이 규칙이다.

상대방이 받기 쉬운 공을 던지고 그것을 다시 받기 쉬운 공으로 되돌려줘야만 캐치볼은 성립된다.

자신이 상대방에게 받기 쉬운 공을 던지지 못할 사정이 우연히 생겼다고 해서 갑자기 "너는 내 캐치볼 상대로 적합하지 않아."라고 말한다면, 처음부터 캐치볼 따위 시작하지 말았으면 될 것 아니냐고 생각하게 되는 것이 인지상정이다.

캐치볼을 시작하려 할 때 상대방이 어린이라면 어린이라도 쉽게 받을 수 있는 공을, 여성이라면 여성에 맞는 공을, 서로가 상대방의 수준, 즉 입장의 차이를 미리 판별한 후에 공을 주고받는 것이 대전제일 것이다.

그것을 도중에 일방적으로 중단하고 게임을 포기해 버리는 것도 비겁한 태도다.

"자네가 말문이 막혔다고 해서 입장의 차이라고 얼버무려서는 안 돼. 서로의 입장 차이는 처음부터 분명한 것이었으니까. 제대로 설명할 수 없으면 설명할 수 없는 대로 자신의 능력이 부족해서 더 이상 설명할 수 없다고 솔직하게 사과를 하는 것이 도리 아니겠나? 어떻게 생각하나?"

이 정도로 말하지 않으면 그런 말을 하는 사람은 그야말로 자신이 지금 처한 입장을 알지 못할 것이다.

이러한 말의 어리석음은, 제대로 설명하지 못한다는 잘못이 자신에게 있으면서도 그것을 은폐한 뒤 갑자기 자신과 상대방의 입장 차이를 언급하여 오만하게 이야기를 끊고도 부끄러운 줄 모른다는 태도에 있다.

그럼에도 불구하고 상사가 부하에게 "자네도 내 입장이 되면 이해할 거야.", 남편이 아내에게 "당신도 내 입장이 되면 알게 될 거야."라고 말하며 말을 끊는 패턴은 이 세상에서 흔히 볼 수 있는 일이다.

대체 어째서일까?

이런 말이 만연하는 것은, 배경에 애매함을 존중하는 옛날 우리의 미의식이 관계하고 있기 때문이다.

"아무 말씀 하시지 않아도 그 점은 충분히 이해하고 있습니다."

핵심 부분을 분명하게 듣지 않아도 상대방의 사정을 충분히 이해해주는, 그것이 마치 무사 된 자의 소양이라도 되는 양 여기는 봉건적 의식의 토양이 우리 사회에 아직 숨 쉬고 있다는 증거다.

바로 그렇기 때문에, 더 이상 말하지 않아도 알겠지, 내가 이 이상 길게 설명해야 한단 말이야, 그 정도는 알아서 깨달으라고, 그것이 예의라는 거 아니겠어, 라는 식으로 오히려 역정을 내며 마치 알아듣지 못하는 상대방이 나쁘다는 듯 비난 담긴 오만한 투로 말을 끊는 것이다.

외국인에게는 전혀 통하지 않는 억지다.

"바로 그 점이 가장 알고 싶은 부분이니 이치에 맞게 제대로 설명해줘."라고 허를 찔릴 것이 뻔하다.

무릇 대화에 있어서 서로의 입장이 다른 것은 당연한 일이다. 바로 그렇기 때문에 그 입장에 따른 견해의 차이를 분명히 하기 위해서 말을 주고받는 것이 아닌가?

그런데 게임 도중에 한쪽이 멋대로 스톱 버튼을 누르다니 그야말로 있을 수 없는 일, 무례하기 짝이 없고 도리에 어긋나는 일로 규탄 받아 마땅한 것은 바로 그런 말을 한 사람이다.

이와 비슷한 말에는 앞에서 예로 든 것 외에도 여러 가지가 있다.

"애들은 입 다물고 있어." (어른이 되어보면 알 거야.)

"신입사원 주제에 건방진 말 하지 마." (고참 사원이 되어보면 알 거야.)

"넌 여자라 모를 거야." (남자 입장이 되어보면 알 거야.)

전부 자신을 호환성이 없는 우월적 지위에 올려놓고 위에서 밑을 향해 말을 하는 듯한 저속함이 코를 찌르는 말들뿐이다.

당신이 말버릇처럼 언제나 이런 말들을 사용한다면 주위 사람들이 당신과의 대화를 점점 회피하게 될지도 모른다.

왜냐하면 대화가 무르익기 시작할 때마다, 논리적으로 잘 설명해 주기를 바라는 부분에 가까워질 때마다 언제나 이런 식으로 이야기를 끝내버리기 때문이다.

중요한 때에 설명할 책임을 다하지 못하는 사람과는 애초부터 대화가 성립되지 않는다.

이런 사람은 우선 대화가 어떤 방향으로 흘러간다 할지라도 도망치지 않겠다는 각오를 가져야 할 것이다.

성의를 다해서 설령 상대방에게 논리적으로 설명하지 못한다 할지라도 자신이 가진 모든 힘을 발휘하여 설명하려 해야 한다.

그리고 아무래도 상대방을 이해시킬 수 없다면 제대로 설명하지 못한 자신의 부족함을 가장 먼저 반성해야 할 것이다.

이런 부류의 사람과 대화를 하게 되었다면 상대방의 그 말이 나온 순간 농담으로 받아넘기거나, 혹은 대화를 시작하기 전에 미리 못 박아두기를 잊어서는 안 된다.

"대화 도중에 입장이 달라서 모를 거야, 라는 식으로 얼버무리지 말고 끝까지 전부 설명을 해주신다면 이야기를 들어드릴 수 있습니다만……."

이렇게 미리 말을 해두면 될 일이다.

point 01
| 입장 차이는 피차일반! 도망치지 말고 설명하라! |

가장 중요한 점을 설명하지 않고 도중에 "내 입장이 되어보면 알 거야."라며 말을 끊어 버릴 생각이라면 애초부터 대화를 할 의미가 없다.

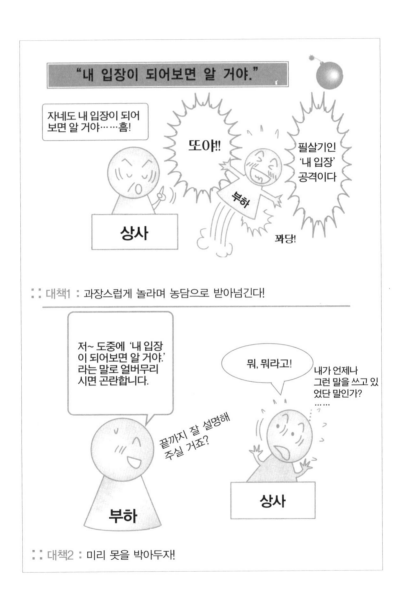

02

"일 때문에 피곤해."
— 상대방에게 반감을 사기 쉬운 말

이 말만큼 대화 거부의 뜻을 노골적이고 단적으로 나타내는 말도 없을 것이다.

"난 피곤하다고, 알잖아. 그 정도도 모른단 말이야, 정말 눈치 없군……. 피곤해서 말하고 싶지 않아……. 피곤하니 가까이 오지 마……."

이처럼 뒤따라올 모든 말들을 포함해서 단 한마디로 주위를 얼어붙게 만드는 절대적인 위력을 발휘하기도 하는 것이 이 말이다.

단번에 자신의 기분이 좋지 않다는 사실을 분명하게 주지시킬 뿐만 아니라, 앞부분에 '일 때문에'라는 말을 덧붙임으로 해서 기분이 좋지 않은 것에 대한 면죄를 받는 효과까지 있다.

'놀이' 때문에 피곤한 것과는 차원이 다르다는 위압감마저
도 자아내고 있다.

대화에 싫증이 나기 시작했을 때에도 "이제 그쯤 하지."라
며 말문을 막고 뒤 이어서 쓰기에도 아주 좋은 말이다.

즐겨 쓰는 사람도 많다. 특히 샐러리맨에게는 반드시 지니
고 다녀야 할 말이 되어 있기도 하다.

물론 직장에서 거들먹거리며 이런 말을 하면 여사원들이
'웬 잠꼬대 같은 소리.'라며 흉을 볼 것이 뻔하기 때문에 어디
까지나 가정적인 환경에서만 사용을 한다.

부인이 귀찮은 문제에 대해서 이야기를 꺼낼 때면 모기약을
뿌린 듯 즉각적인 효과를 나타낸다.

파고들 틈이 없는 상황을 즉석에서 만들 수 있다.

그러나 이 말에는 커다란 약점이 있다.

가정이라고 해서 누구에게나 사용할 수 있는 것은 아니기
때문이다.

대상은 어디까지나 마음이 약한 상대가 되어야 한다. 그렇
지 않으면 바로 역습을 당하게 된다.

"그게 어쨌다는 거야?"

이렇게 맞받아치면 그야말로 본전도 못 뽑는다.

"아니……, 그게 그러니까 피곤해서……."라며 횡설수설하
게 된다.

"그게 어쨌다는 거야?"

거듭되는 반격을 받으면 그대로 격침되어 버린다.

반격의 말은 그것뿐만이 아니다.

"저도 당신만큼 피곤하다고요!!"

"능력이 없으니까 그 모양이죠!"

"얼마나 대단한 일을 하신다고!"

끊임없이 반격을 유발할 우려조차 있을 것이다.

주위에 해독을 줄 뿐만 아니라 반격을 당하기 쉽다는 의미에서도 '위험한 말버릇'이라고 하지 않을 수 없다.

이런 말을 자주 사용하는 사람들은 이와 같은 즉각적인 반응이 없다 할지라도 머지않아 상대방의 마음속에는 몇 가지 반격의 말들이 소용돌이치게 되는 법이라는 사실을 알아둘 필요가 있다.

갑자기 불쾌하다는 듯한 태도로 대화를 가로막는 것이니 그 영향에 의한 위험도 크고 언젠가 치러야 할 대가도 상당한 것이 되리라는 점을 각오해두는 편이 좋을 것이다.

그런데 이런 말을 하는 무리들을 그대로 내버려두면 주위사람들은 긴장하고 언제나 비위를 거스르지 않도록 조심조심 행동해야 한다.

그렇다면 어떻게 다뤄야 좋은 것일까? 대책을 강구해 보자.

우선은 앞서 말한 것처럼 "그게 어쨌다는 거야?"라며 호통을 쳐둘 일이다.

이렇게 하면 대부분은 진압이 될 테지만 언제나 불쾌한 기분으로 초조함을 느끼는 사람이 상대인 경우에는, 오히려 더욱 화를 내며 걷잡을 수 없을 정도로 난폭해지는 경우도 있을 것이다.

그런 사람들에게는, 쓸데없이 자극하지 말고 풋 인 더 도어 테크닉을 사용하여 상대방이 깨닫지 못하는 사이에 상대방을 자신의 용건으로 끌어들여 대처를 하는 방법이 효과적이다.

아내 저, 여보……. 요시오를 보낼 학원말인데요…….

남편 ……일 때문에 피곤해…….

아내 ……죄송해요. 아주 잠깐, 30초면 끝날 얘긴데, 안 되겠어요?

남편 응? 30초……? 뭐, 뭔데, 한번 말해봐.

아내 ○×학원이 좋을지, △○학원이 좋을지 망설이고 있어요. 제 마음대로 결정해도 될까요?

남편 뭐? 그야…… 당신이 결정해도 상관은 없지만…….
그래도, 잠깐만, 두 학원이 어떻게 다른지 설명해봐.

아내 그러니까, ○×학원은 완전히 입시를 위한 학원이에요. 아이들에게 머리띠를 두르게 하고 구호를 외치고. △○학원은 예습, 복습 중심으로 소수정예제. 그만큼

학원비도 비싼데 우리 요시오에게는 어떤 학원이 맞
을지…….

남편 음, 그런가……음. 어디가 좋을까…….

처음에 '잠깐', '30초만'이라는 식으로 조그만 요구에 응하
게 만드는 것이 요령이다. 사람은 조그만 요구에 응하면 다음
에 이어지는 약간 커다란 요구도 쉽게 받아들이게 되고 긍정
적으로 응하게 된다는 심리학적 법칙이 있다. 이러한 요령으
로 자기 뜻에 맞게 회유하는 것은 어떨지?

point 02
• 갑자기 불쾌함을 드러내는 것은 인간으로서 최악이라는 점을 알아둘 것!

어차피 마음이 여린 사람에게만 쓸 수 있는 이기적인 말이다.
상대방이 스트레스를 받아 폭발하기 전에 당장 봉인하는 것이 최선일 것이다.

03

"척하면 삼천리지!"

— 애매한 말은 하지 말 것

'척하면 삼천리'란 상대편의 의도나 돌아가는 상황을 재빠르게 알아차림을 일컫는 말이다.

"아직 멀었어. 그러니까 내가 한마디 하면 전부 알아들을 수 있도록 하지 않으면 제몫을 할 수가 없단 말이야. 내 생각을 미리 읽을 수 있도록 노력해야 돼. 그렇지 않으면 언제까지고 일 못하는 사람으로 낙인이 찍힐 거야."

상사가 한껏 잘난 척 부하에게 이렇게 말하는 경우가 있다.

자신의 설명책임은 뒤로한 채 "다시 말해서 분위기를 파악해서 잘 하란 말이야."라는 일방적이고 추상적인 말을 거듭 되풀이한다.

게으른 상사에게는 귀찮기 짝이 없는 일인 온 더 잡 트레이

닝은 하고 싶지도 않기에 전부를 느낌에 의한 말로 적당히 지시하고 명령한다.

그러고도 부하가 실수를 하면,

"자네, 왜 처음부터 나한테 와서 제대로 물어보지 않은 거야? 자네 때문에 커다란 손실을 입게 됐잖아."

이렇게 질책하고 실수를 부하의 자의적인 행동 탓으로 돌려 책임을 전가한다.

'척하면 삼천리'는 게으른 상사의 바람막이로 쓰기에도 아주 좋은 말이다.

이 말의 교활함은 사용하는 본인에게 설명 책임이 있다는 사실을 스스로도 알고 있으면서도 그것을 수행하려 하지 않고 부하에게 우수한 인재라고 생각하고 있으니 잘 부탁하네, 알고 있지, 라며 모든 일을 맡긴다는 듯한 체재를 취한다는 데 있다.

부하는 어설픈 지식밖에 가지고 있지 않고 경험이 미숙하면서도 씩씩하게 그 기대에 부응하지 않으면 안 된다는 과중한 의무감을 짊어진 채 엉뚱한 길로 갈 수밖에 없게 된다.

이렇게 되면 부하야말로 꼴이 우습게 되어 버린다.

"남자라면 알고 있겠지?"

"배짱으로 밀어붙이자고."

"요점을 잘 파악하라고."

"뱃심이 중요해, 뱃심이."

"마음의 눈으로 봐야 해."

이런 감상적인 말을 연발하는 상사는 어느 회사에나 있다.

감각으로 이해를 하라는 것은 처음부터 매우 애매하게 사실을 포착하라는 말로 예술작품이라도 창작하는 것이라면 모르겠지만 엄밀한 정의가 필요한 비즈니스 현장에서는 오히려 위험하기 짝이 없는 행위일 것이다. 조건이나 내용을 분명히 파악하여 교섭을 진행시켜야 할 사안 앞에서는 양극에 위치하는 개념이니.

원래대로 하자면 상사가 모범을 보이고 부하가 감각적인 말을 사용하면 그것을 바로잡아주는 것이 정상일 것이다.

그런 말을 연발하는 사람은 사물을 논리적으로 파악하여 생각하는 습관이 완전히 상실되었음을 스스로 깨닫지 않으면 안 된다.

어느 틈엔가 뇌가 퇴화하여 복잡한 사고를 멀리하게 된 현실을 직시해야만 한다.

한편 이와 같은 부류의 사람들에게는 의연한 태도로 맞서, 안이하게 동조하지 말고 질문을 거듭하는 것이 대책이 된다.

상사 척하면 삼천리잖아!

부하 네?

상사 자네 척하면 삼천리라는 말도 모르나?

부하 네, 무슨 말씀이신지.

상사 그러니까, 내 생각을 읽으라는 말이야. 분위기와 장소를 고려해서 판단하라고. 그렇게 내가 의도하는 바를 파악해서 마땅한 행동을 취하라는 말이야.

부하 죄송합니다. 좀 더 구체적으로 가르쳐주십시오. 추상적으로 말씀하시면 경험이 부족한 저로서는 뭐가 뭔지……

상사 내 참……, 다시 말해서……, 그러니까…….

이런 식으로 멍청한 것처럼 행동하는 것도 하나의 방법이 된다.

상사 자신이 얼마나 감상적인 말만 하고 있는지를 스스로 되돌아볼 수밖에 없도록 하는 것이다.

처음에는 "자넨 정말 아무것도 모르는군."이라며 개탄을 한다 할지라도 주눅 들지 말고 구체성을 요구해나가면 이런 상대는 반드시 말문이 막히고 만다.

상사가 말문이 막혔다고 해서 화를 내는 사람이라면 쓸데없는 저항은 하지 않는 것이 가장 좋겠지만, 그나마 제대로 된 사람이라면 조금은 자신의 전달방법, 지시하는 방법에 문제가 있음을 스스로 깨닫지 않을 수 없을 것이다.

감상적인 말에는 결코 동조하지 않는, 영합하지 않는 의연한 태도가 무엇보다 중요하다.

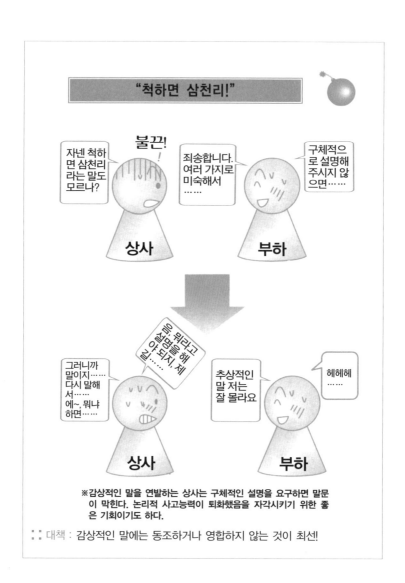

"뭐야, 그런 것도 몰라?"

— 잘난 척 권위적으로 말해서는 안 된다

사소한 실수를 한 사람이나 모르는 것을 물으려고 다가온 사람에게 우선은 이 한마디를 하지 않으면 속이 풀리지 않는 사람도 있는 법이다.

심리학을 인용할 필요도 없이 이런 사람은 열등감으로 똘똘 뭉친 사람이다.

잠재의식 속에 수많은 콤플렉스를 가지고 있으며 언제나 타인보다 뒤떨어지는 부분이 드러나지 않을까 내심 겁을 먹고 있으면서도 그 반대 심리로 타인보다 우위에 서고 싶다는 마음이 이런 밑도 끝도 없는 말로 나타나는 것이다.

참으로 가엾은 존재라고 하지 않을 수 없다.

처음부터 느닷없이 이런 말을 듣게 되니 들은 쪽은 동요할 수밖에 없다.

어떤 커다란 실수를 저질러서 마치 전 인격을 부정당한 것처럼 풀이 죽고 위축되어 버린다. 너무나도 커다란 효과에 이 말을 한 사람은 내심 승리를 거둔 듯한 마음의 고양감마저 느끼게 되는 것이리라. 바로 그렇기 때문에 그 쾌감에서 벗어나지 못하게 되고 이런 부끄러워해야 할 말을 자신도 모르게 되풀이해서 주위의 반격까지도 끊임없이 사게 되는 것이다.

이런 사람들은 여러 사람이 지켜보는 상황이 되면 더욱 분발하여 쉴 새 없이 이런 말을 한다.

"그러니까 입이 닳도록 말했잖아."

"전에 얘기했었지."

"몇 번을 말해야 알아듣는 거야, 대체."

보는 사람이 많을수록 말의 효과, 즉 자신의 권위도 더욱 높아질 것이라는 생각, 그 착각이 주위 사람들의 의식과 더 큰 거리를 만든다.

이런 사람과 대화를 나눌 수밖에 없다는 것은 커다란 고통이다.

어느 순간, 어떤 상황에서 상대방의 비난이 터져 나올지 알 수 없는 일이니.

그러나 이런 부류에 속한 사람들의 행동원리는 단순하고 알기 쉬운 법이다.

주위 사람들에 대해서는 언제나 자신의 권위를 내세우지 않으면 안 되지만 바로 그렇기 때문에 자신의 입장을 흔들 수 있을 만한, 더 위에 있는 강한 권위에 대해서는 매우 약해서 저자세를 취하게 된다. 내용보다 직함을 지향하기 때문에 자신보다 직함이 높은 사람에게는 몸을 낮추고 머리를 숙이는데 바로 그렇기 때문에 자기보다 직함이 낮은 사람에게도 자신에게 그와 동등한 대접을 요구하는 것일 뿐이다.

이런 사람들은 회의석상에서도 자신의 입장을 지키기에 급급한 경우가 많다.

상사에게 비판을 받거나 질책을 받을 상황에 처하게 되면 부하가 멋대로 한 일이라는 식의 변명을 아무렇지도 않게 할 것이다. 그리고 뻔뻔스럽게도 자신의 감독 책임은 뒤로한 채, 부하에게 발목을 잡혀 고생하고 있는 동정 받아 마땅한 상사라는 구도 속에 자신을 넣으려 하고 있는 것이다. 정말 어쩔 도리가 없는 사람이다.

이런 사람에게는 심리학에서 말하는 양면감정 효과를 사용하여 본인의 불안 심리를 제거해주는 것도 하나의 방법이다.

상사   뭐야, 그런 것도 모른단 말이야!

부하   죄송합니다. 부장님의 지혜를 빌리지 않으면 저로서는 도저히 해결할 수 없는 형국이 되어 버려서…….

상사   그래서, 몇 번이고 말했었잖아.

부하 부장님 말씀이 옳습니다. 그래서 어떻게든 타개책을 마련해서 부장님의 체면을 살리려고 필사의 노력을 해봤지만…….

상사 내 체면 같은 건 아무래도 상관없어, 회사가 성장하느냐 마느냐 하는 것만이 나의 관심사니까.

부하 그건 저도 잘 알고 있습니다. 부장님께서는 언제나 회사를 최우선으로 생각해서 자신의 모든 것을 희생하면서까지 최선을 다하고 계시다는 점을……. 바로 그렇기 때문에 저 같은 사람이 부장님의 발목을 잡는 일이 있어서는 안 되겠기에…….

상사 그야, 뭐. 그렇게 걱정할 거 없어. 언제나 책임은 내가질 테니 그렇게 신경 쓸 거 없어.

이 대화의 후반에 들어서 상사의 권위적인 자세가 갑자기 누그러든 것은 부하의 어떤 말 때문일까?

"부장님께서는 언제나 회사를 최우선으로 생각해서 자신의 모든 것을 희생하면서까지 최선을 다하고 계시다는 점을……"이라는 듣기 거북한, 상대방을 치켜세우는 부분이 키워드가 된다.

다시 말해서 양면감정 효과란, 본인의 실제 감정(자기 방어에 급급한 감정)과는 전혀 반대가 되는 감정(회사 우선주의,

멸사봉공)을, 말하는 사람이 듣는 사람의 감정으로 받아들이고 있는 것처럼 보이는 것을 말한다. 그렇게 함으로 해서 본인의 실제 감정(자기 방어에 급급)을 주위 사람들에게 결코 들키지 않았다는 신호를 보낸 셈이 되기 때문에 듣는 사람은 완전히 안심해서 기분이 좋아지게 되는 법이다.

회사라는 조직 속에는 권위를 함부로 내세우면서도 자기 방어에 급급한, 아부 일색인 사람들이 반드시 존재하는 법이다.

그런 사람들에게는 다음과 같은 말들도 유효하다는 사실을 알아두기 바란다.

"가끔은 임원진의 비위도 조금씩 맞춰주는 게 어떻겠습니까?"

"너무 일만 하지 마시고 가끔은 가족들도 생각해주셔야 하지 않을까요?"

"부장님께서 죽을 만큼 고생을 해서 이 일을 성사시켰다는 사실을 윗사람들 대체 알고 있기나 한 겁니까?"

point 04
자기 방어에 급급한 권위주의는 속이 뻔히 들여다보인다!

직함을 배경으로 잘난 척 권위적인 자세로 말하지 말고 인간으로서 대등하게 상대방의 인격을 존중하는 자세를 익힐 것!

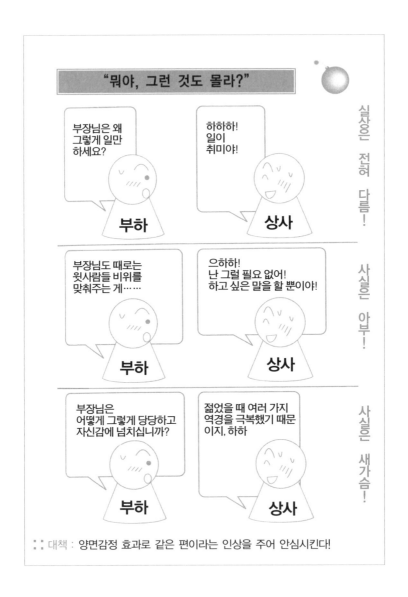

05

"언제나 속 편해서 좋겠다."
— 상대방의 입장을 이해하지 못한 위험한 말

이것은 상대방을 매우 업신여기고 놀리는 말이다.

'나는 너랑 달라서 마음 편할 날이 없어, 언제나 커다란 일이 있어서 여러 가지로 복잡하거든. 너하고는 수준이 완전히 다르다고. 그걸 좀 알아줬으면 좋겠는데. 아니, 감사의 말을 해도 좋을 정도지. 그렇지 않아? 네가 그렇게 속 편하게 있을 수 있는 것도 어떻게 보면 내가 이렇게 열심히 일하고 있는 덕분이기도 하니까. 어떻게 생각해? 너 너무 무신경한 거 아니야? 혹시 오해할까봐 말해두는데 내가 바쁘기는 하지만 너를 진심으로 부러워하고 있는 건 아니야. 너와 나는 사회적 존재로서의 중요도가 다르다는 점을 인식해주길 바라는 마음에서 완곡한 표현을 쓴 것뿐이야. 하지만 너처럼 태평하기 짝이 없는 사람에겐 이런 말도 필요 없었으려나? 아무렴 어때, 너 같은 건 상관없어, 내게는 나만의 길이 있으니까. 그래도 왠시 눈에 거슬리고 마음에 들지 않는단 말이야. 나는 바쁘게 일하고 있는데 왜 너는 그런데서 한가로운 표정으로 마음 편하게 있는 거지? 생각할수록 화가 나네. 이봐, 뭐라고 말 좀 해보라고. 쳇, 역시 말을 시작한 내가 바보지. 제길!'

이런 마음이 이 '언제나 속 편해서 좋겠다.' 라는 말 속에 담겨 있다.

이런 비뚤어진 원한이 가득 담겨 있기 때문에 그 말을 들은 사람은 말없이 있다 할지라도 먼 훗날까지 저주를 받은 듯 기분이 나빠지게 된다.

사람에게는 각자 입장이라는 것이 있다. 역할도 다르고 성격과 천성도 다르다.

일방적인 판단만으로 사람이 놓인 상황을 속 편한 것이라 결정하고 또 그것이 언제나 그런 식이라는 듯이 단정 지을 근거가 대체 어디에 있단 말인가?

속 편하게 보이든 바빠 보이든 사람은 누구나 그 정도 일로 존재의 경중을 판단 받고 싶어 하지는 않는 법이다.

바쁘게 보이는 것이 선이고 한가하거나 마음 편하게 지내는 것처럼 보이는 것은 악이라는 단순한 도식으로밖에 사물의 가치를 판단하지 못하는 낡은 머리의 구조야말로 무엇보다도 부끄러워해야 할 것이리라.

그러나 안타깝게도 사람은 이런 말을 들을 때마다 즉석에서 반응해버리는 습성을 가지고 있다.

"마음 편할 리 있겠어, 무슨 소리하는 거야. 지금은 일 하나를 끝내고 잠깐 쉬고 있는 거라고."

이런 식으로 자신도 모르게 '근면은 선', '여유·마음 편함은 악'이라는 적의 논리에 그대로 걸려들어 항변을 해버리고 만다.

그리고 그것이 나중이 되어 분함을 더욱 크게 만들어준다.

'어째서 일일이 변명을 한 거지, 제길. 난 그 녀석의 하인도 아닌데. 내가 속 편하게 있든지 말든지 처음부터 관계없잖아. 아, 화난다. 왜 이렇게 기분이 나쁜 거지? 녀석의 한마디 때문에 간만에 얻은 정숙, 평안도 전부 엉망이 되어 버렸어. 정말 열 받아.'

아마 이런 식으로 하루 종일 불쾌함을 느끼게 될 것이다.

'마음 편하다고 여겨져도 크게 신경 쓸 거 없지. 지금은 정말로 마음 편하게 일하고 있으니.'

이런 달관한 심경은 좀처럼 들지 않는다.

실제로 아무리 마음 편하게 일을 하고 있다 할지라도 '그건 오해입니다. 저는 마음 편하지 않습니다.'라고 조건반사처럼 대답해버리는 이 무시무시한 선악의 주문에서 평생 벗어날 수 없게 되어 버린 것이다. 그런 의미에서 이 말, 별 생각 없이 하는 한마디지만 실로 무시무시한 '미움을 사는 말버릇'이라고 해야 할 것이다.

따라서 대책으로 생각할 수 있는 것은 어떻게 해서든 이 선악의 기준에 물든 주문에서 벗어나는 것일 테지만 실제적인 현실문제로서 그것은 유효하지 않은 방법이다.

왜냐하면 그런 말을 한 사람의 의식 깊은 곳에 '마음 편안함은 악'이라는 관념이 있는 한 그 시점에서 바로 '마음 편함'을 부정해두지 않으면 나중에 어떤 식으로 떠들고 다닐지 알 수 없기 때문이다.

그렇기 때문에 마음 편하지 않다는 사실을, 그것이 거짓이라 할지라도 상대방이 '그렇군.'이라며 바로 승복하도록 만드는 즉석의 의식이나 절차를 행할 필요가 있다.

그러나 앞서 이야기한 것처럼 그 변명이 오래도록 사람을 괴롭히고 후회하게 만들기도 한다.

그렇다면 이 딜레마에서 벗어날 방법은 없단 말인가?

물론 있다. 최선이라고는 말할 수 없을지도 모르겠지만 이런 방법은 어떨까?

상대방의 말을 무시하는 것도 아니고, 긍정하는 것도 아니고, 그렇다고 부정하는 것도 아닌, 참으로 신비한 힘을 발휘하는 위대한 말인 '글쎄……'를 활용하는 것이다.

상대 언제나 마음 편해서 좋겠어.

당신 글쎄…….

상대 ……응?

어떤가, 이 방법은.

상대방의 말에 대해서 미동조차 하지 않고 눈짓 한번 주지 않고 딱 한마디 "글쎄……." 아무것도 더하지 말고, 아무것도 빼지 말고 순수하게 '글쎄…….' 만으로 승부하는 것이다. 시험해보기 바란다.

CHAPTER 02

'한계 노출형'

·······상대를 불쾌하게 만드는 말에 요주의

06

"이제 더 이상은 할 수 없어."

— 쓸데없는 전제는 사용하지 말 것

어떤 일을 의뢰받았다거나 부탁을 받은 사람이 그 일을 마친 후에 결과를 보고하기 위해 나타났다고 하자. 그런데 첫마디부터 다짜고짜 이런 거절의 말을 한다. 당신은 이런 장면을 목격한 적은 없는지?

부탁한 사람이 고맙다는 말을 할 틈도 없이 방어의 자세를 취하며 똑 부러지게 말을 해버리니 그저 놀라울 따름.

"앞으로는 이런 부탁 절대로 들어주지 않을 거야. 이번에는 어쩔 수 없이 들어줬지만 이번 일은 이것으로 끝이야. 더 이상 추가해서 부탁하려 해도 소용없어. 이것으로 끝이야. 어쨌든 최선을 다해서 일을 처리했으니 불평은 하지 마. 정말 지긋지긋하니까."

마치 화라도 난 듯하다.

상사가 부하에게 업무상 일을 의뢰한 경우에도 (일이니 당연히 해야 한다) 태연하게 이 같은 말을 먼저 한 뒤 결과를 내미는 사람이 있다.

'대체 뭔 짓을 하는 거지? 저 녀석 괜찮으려나?' 하며 고개를 갸우뚱거리게 만드는 순간이다.

이런 말을 하는 사람은 자신의 책임은 이것으로 충분히 다한 것이라고 스스로 평가하고 판단을 내려, 혼자 흡족해하는 것이다. 의뢰받은 일의 내용이 의뢰한 사람의 요구대로 완성되었는가 하는 중요한 점에는 애초부터 전혀 관심이 없다는 태도인 것이다.

어쨌든 의뢰한 사람이 내용의 완성도를 점검하기 전부터, 일의 내용에 불만이 있다 할지라도 새로이 일을 더하거나 깎는 것은 사양하겠습니다, 라고 선언하는 셈이다. 이것은 안하무인격의 어처구니없는 행동이라고 하지 않을 수 없다.

이 말이 시건방지게 들리는 것은 스스로 버거운 일이라고 판단한 이유조차 그 말에는 전혀 포함되어 있지 않다는 점 때문이다.

일반적으로 버거운 일이라고 판단하게 되는 것은 본인의 능력부족이 가장 커다란 원인이라고 여겨지는 법이다. 그러나 자기 능력의 한계는 전혀 언급하지 않고 마치 '시간적으로 여유가 없어서 더 이상은 어렵다.', '수준이 너무 낮아서 의욕이 생기지 않기 때문에 더 이상은 어렵다.', '이런 낯선 분야의 일을 하는 것은 더 이상 어렵다.'……는 식으로 다른 정당한 이유라도 있는 것 같은 느낌을 받게 하는 것이다.

처음부터 자신의 능력부족이라는 이유는 뒤로한 채 다른 이유가 있는 것처럼 말해서 위장을 꾀하는 그런 미심쩍은 냄새가 풍기는 말이다.

어디가 어때서 더 이상은 어렵다고 정확하게 설명하는 것이 도리일 것이다.

그리고 '더 이상 할 수 없어.'라는 말의 더 이상이란 대체 무엇을 말하는 것인지.

다른 사람이 해도 이 이상의 성과는 올리지 못할 겁니다. 이것이 최고 수준의 완성도입니다, 라며 대놓고 말하는 것처럼 들리는 것은 내가 지나치게 깊이 생각한 탓일까? 어쨌든 뻔뻔스러운 데도 정도가 있어야 하는 것 아닌가 하는 생각이 들 정도의 말이다.

그렇다면 대담하게도 이렇게 책임 방기를 선언하는 사람에게는 대체 어떻게 대처를 하면 좋단 말인가?

물론 문제를 회피하지 말고 그 자리에서 바로 이해할 수 없는 말의 의미와 내용을 차근차근 따져서 점검하고 반은 장난 삼아 질문을 던지는 것이 정답이다.

부하 저기, 이거. 더 이상 할 수 없습니다.

상사 응……? 더 이상 할 수 없을 정도로 훌륭하고 완벽하게 했다는 말이지?

부하 아니요, 그런 뜻이 아니라 저로서는 한계라는 말입니다만…….

상사 저로서는 한계? 그건 무슨 뜻이지? 모든 능력을 다 동원해서 열심히 했으니 최고의 완성도라는 말 아닌가?

부하 네, 그러니까……. 어쨌든 저로서는 한계라는 말입니다.

상사 그러니까 최고의 완성도라고 자랑스럽게 생각하고 있다는 말이지?

부하 아니요, 그게 아니라니까요, 아무튼 열심히 하기는 했는데…….

상사 그래, 열심히 했으니 최고의 완성도겠지. 왜 그래, 그렇게 겸손 떨지 마.

부하 아니, 겸손이 아니라……, 그러니까…….

잘난 척 쓸데없는 말로 무엇보다도 먼저 선언을 한 뒤 일을 보고하는 사람에게는 당연히 이 정도의 말을 해서 골탕을 먹이고 잽을 연타로 날리며 즐기는 것이 좋다.

물론 부하는 깊이 생각하지도 않고 앞으로 있을지도 모를 일의 추가나 수정을 막아보려는 가벼운 마음에서 이런 말을 했을 것이다. 그러나 상대방이 무례하기 짝이 없게도 이런 말을 한 이상, 그 말을 그냥 들어 넘기는 등의 관대한 대응을 취해서는 안 된다.

애초부터 철저하게 그 말의 의미를 파헤쳐나가겠다는 마음가짐이 없다면 두 번 있었던 일은 세 번 있을 수도 있다는 식으로 이런 무례한 말을 계속 되풀이하게 될 것이다.

"어쨌든 여러 가지로 생각한 끝에 한 결과 입니다, 이건."

"이 정도면 되겠죠? 누가 하나 마찬가지라고 생각합니다."

"이 외에 어떤 방법이 또 있겠습니까?"

"더는 이런 일 붙들고 있을 수 없습니다."

점점 기어올라 참으로 골치 아픈 존재가 될지도 모른다.

point 01

| 쓸데없는 전제는 백해무익! |

스스로 방파제를 쌓기 위해 한 가벼운 말이라 할지라도 상대방이 그냥 들어 넘기지 않으면 골치 아픈 결과를 초래하게 된다. 쓸데없는 말은 삼갈 것

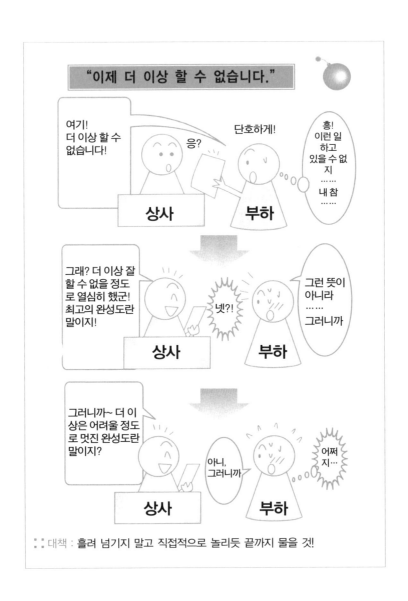

"내 신경 건들지 마!"
― 협박으로는 사람의 마음을 움직일 수 없다

무서운 말이다.

계속 화를 참으며 인내하고 있는데 너는 내 기분을 모른단 말이냐?

먼 옛날에 한계점을 넘어섰다. 폭발하면 어떻게 될지 모른단 말이냐?

내 탓이 아니라 네가 나를 화나게 해서 이런 사태가 벌어진 것이다.

내가 화내는 꼴 보고 싶지 않으면 내 말을 들으라고.

이처럼 폭력적인 의미를 포함하고 있는 말은 한정된 장소에서만 쓸 수 있다.

제대로 된 사람들이 모여 있는 곳에서 이런 말을 하면 그 사람은 사회적 신용을 잃어버리게 되기 때문이다.

아, 그런 사람이었구나. 마지막에는 '본성'을 드러내는군, 이라고 얕잡아보고 경멸하게 되기 때문이다.

따라서 아무리 거친 사람이라 할지라도 이런 말은 좀처럼 쓰지 않으며, 효과적으로 쓸 장소와 타이밍을 잘 알고 있을 것이다.

다시 말해서 일반적인 사람들 사이에서 이런 말이 일상적으로 쓰이고 있는 것은 아니다.

어디까지나 가족적인 폐쇄공간에서 사용되는 경우가 대부분이다.

그러나 마지막에 이런 종류의 말을 자주 내뱉는 사람은 평소 자의적인 행동이 허용되는 가족적 공간에서 비슷한 말을 되풀이하는 경향이 있는 사람이다.

"너, 두고 보자!"

"언제까지 그런 말 하나 보자."

"이 자식, 죽여 버린다!"

다시 말해서 논리적으로 차근차근 설명할 능력이 없는 타입이다.

논리적인 사고가 불가능하기 때문에 감정에 따르는 것이다. 배경에 권력이 없으면 주위 사람들이 멀어져가기 때문에 자신은 리더십이 있고 의리와 인정이 넘치며 대범하고 인망이 있다고 생각하지만 완전히 환상에 지나지 않는다.

사물을 보는 시선도 아군 아니면 적군이라는 식으로 단순하게 구분하기를 좋아할 것이다.

태풍과 같은 면이 있기 때문에 우선은 폭풍 권역을 피하거나, 차라리 태풍의 눈 속으로 뛰어드는 편이 다루기 쉬운 사람이라고 말할 수 있을 것이다.

이와 같은 사람들은 예외 없이 부추김에 약하다는 특징도 가지고 있다.

입에 발린 칭찬이라 할지라도 본인 자신이 그렇게 믿고 있기 때문에 활짝 웃으며 기뻐한다.

1. '정말 잘하십니다.', '멋진 재능이네요.'
   (아부형 발림소리)

2. '지당하신 말씀이십니다.', '저도 그렇게 생각합니다.'
   (동조형 발림소리)

3. '몸은 괜찮으십니까?', '짐 제가 들겠습니다.'
   (배려형 발림소리)

4. '저는 생각지도 못했던 방법입니다.', '저는 엄두도 못 냈
   었는데.' (겸손형 발림소리)

다시 말해서 이런 타입에 대해서는 이쪽도 논리적으로 대응

해서는 안 된다.

이와 같은 4종류의 발림소리를 활용하면 놀랄 정도로 간단히 친근감을 품게 할 수 있다.

즉, 이런 타입에게는 논리적으로 접근해서는 안 된다.

감정적, 정서적으로 대응하면 관계도 원만해진다.

특히 지식층 인간에게는 이러한 점을 잘 이해해서 결코 논리적으로 혼을 내주겠다고는 생각하지 않는 것이 중요하다.

상사   내 신경 건드리지 마.

부하   그거 혹시 협박이십니까? 어쩔 생각으로 하신 말씀이십니까?

상사   이렇게 하기로 하지. 쓸데없는 소리 못하도록 해줄 테니, 당장 나가!

이래서는 안 된다. 상대방을 아기처럼 부드럽게 담요로 감싸주듯, 따뜻하고 넓은 마음으로 불합리함을 극복하겠다는 마음이 중요하다.

상사   내 신경 건드리지 마.

부하   앗, 죄, 죄송합니다. 진심으로 야단을 쳐주시는 부장님의 깊은 뜻에 지금 아주 감동하고 있습니다. 지금까지 폐만 끼쳐서 참으로 죄송하게 생각하고 있습니다.
부장님의 말씀으로 이제야 간신히 눈을 떴습니다. 감
사합니다.

이쯤에서 순종하는 뜻의 눈물을 흘리면 최고일 것이다.

이런 상대에게 논리적으로 맞서려 해서는 절대로 안 된다.

상대방은 평소 쓸데없는 에너지를 발산하고 있기 때문에 강
력한 내구성만은 보통이 아닌 경우가 있다.

미움을 받고 따돌림을 당하고 괴롭힘의 대상이 되기보다는
누구보다도 먼저 상대방의 품속으로 달려 들어가기를 권하는
바다.

당신도 때때로, 아주 짧은 시간 동안만 로봇이 됐다는 생각
으로 접근했다가 얼른 멀리 도망치기만 하면 되는 것이다.

당신의 향상심이나 지적 에너지를 무의미한 상대에게 쓰는
것만큼 어리석은 행동도 없으니 말이다.

point 02
| 협박으로 사람을 움직일 수 없다는 사실을 알라! |

폭력적인 말은 사회적 신용을 잃게 하는 원흉이다. 평소부터 논리적으로 상대
를 설득하겠다는 강한 인내심을 기르자!

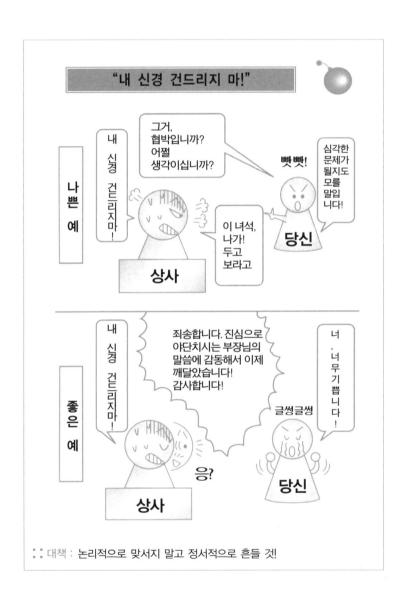

08

"이제 와서 그런 소리 하지 마!"

— 나중에 떠오른 생각이 좋은 경우도 있다

사물을 재검토한다는 것은 좋은 일이다.

모두가 결정한 일이라 할지라도 잠깐, 이대로 진행해도 괜찮을까? 라며 언제나 점검하고 변경과 개선을 게을리 하지 않는 자세는 존중되어야 할 것이다.

그런데 지금까지와는 다른 그런 아이디어나 새로운 생각이 제기되려 할 때, 그 좋고 나쁨을 검토하는 것조차 용납하지 않고 단번에 묵살해버리는 것이 이 말이다.

불은 작을 때, 번지기 전에 끄는 것이 가장 좋다고 말하기라도 하듯.

"이제 와서 그런 소리 하지 마, 여럿이 결정한 일이잖아."

"이제 와서 그런 소리 하지 마, 나도 불만은 있지만 그냥 따라왔다고."

"이제 와서 그런 소리 하지 마, 배신할 생각이야?"

"이제 와서 그런 소리 하지 마, 모두에게 폐가 되잖아."

이제 와서……라는 말에는, 더 이상 변경은 불가능하다, 늦었다는 비난의 울림이 담겨 있다. 쓸데없는 생각하지 마, 알고 있잖아, 라는 위협의 의미도 물론 담겨 있을 것이다.

나중에 변경됨으로 해서 어떤 기득권익을 침해받을지도 모른다고 우려하는 사람에게 이 말은 상대방이 얼마나 진심에서 그런 말을 하는지를 측정하는 시금석이 되기도 한다.

마음이 약한 사람이라면 바로 "아니, 잠깐 생각해본 것뿐이야. 나도 이제 와서 그렇게 하기는 어렵다는 것 정도는 알고 있어."라는 식으로 그다지 집착하고 있는 것은 아니라는 태도를 보일 것이다. 그 한마디만 확인하고 나면 안심할 수 있다.

이 말이 미심쩍은 것은 이제 와서를 강조하여 변경하기에는 이제 시간적 여유가 없다는 사실을 대전제로 새로운 제안을 완전히 배제하려 하는 배외排外주의이기 때문이다.

"잠깐 검토를 해보는 것도 좋지 않겠어. 어쩌면 지금까지의 생각이나 방법보다 훨씬 효율적일지도 모르고……."

이와 같은 제안에 귀를 기울인다면 문제될 것은 아무것도 없다.

그러나 "이제 와서 그런 소리 하지 마."를 거듭 듣게 되면 마치 그 말에 단결을 우선으로 하고 협조를 먼저 생각하는 합리주의 정신적 정당성이 있는 것 같다는 착각조차 들게 된다. 생각해보면 무서운 일 아닌가? 거기에 언론의 자유나 표현의 자유, 사상의 자유는 용납되지 않는단 말인가?

전체주의다. 파쇼다, 라고 외칠 사람도 있지 않겠는가?

잠깐 생각해보면 알 수 있는 것처럼 이 말의 본질은 집단에서 절대적인 규칙을 지키게 하기에 아주 좋은, 남보다 앞서 나가는 것을 막기에 좋은 속박 용어에 다름 아니다.

참고삼아 같은 정도로 위험한 말을 들어보도록 하겠다.

"자네에게는 애사정신이 없단 말인가?" (애국심으로 대체해도 마찬가지다.)

"자네는 혼자서 살아가고 있다고 생각하나?"

"자네에 대한 우리의 마음을 모른단 말인가?"

이처럼 협박을 해서 당신의 자유를 속박하고 독재자의 지배하에 놓으려 하는 것이다.

참으로 이런 말을 사용한다는 것은 무뢰한과 같은 생각을 가진 사람 외에는 생각할 수도 없는 일이다.

틀림없이 이런 식으로 범죄자들의 공범심리도 형성되는 것이리라.

그럼 대책을 강구해보기로 하자.

이런 말을 쓰는 사람은 언제나 배경으로 집단 심리를 이용

한다는 점에 주의하기 바란다.

　다시 말하자면 동료의식이나 단결심, 협조성, 조화 등과 같은 개념이다.

　이런 식으로 공격을 해와도 동요하지 않도록 하기 위해서 대립되는 부정적 개념이기도 한 개인주의, 유아독존, 자기중심 등의 자의식에 평소 눈을 뜨기 바란다. 그렇게 하면 문제될 것이 없다.

상대　이제 와서 그런 소리 하지 마.

당신　이제 와서고 저제 와서고 상관없어. 방법을 약간 바꾸는 게 좋을 거 같아.

상대　그런 자네 혼자만의 생각이 통할 거 같아.

당신　통하든지 말든지 내 맘이야.

상대　그런 말을 하다니, 자네도 많이 컸군.

당신　아무렴 어때, 난 자기중심적이야.

상대　자네 한 사람 때문에 모두가 피해를 봐도 상관없단 말이야?

당신　상관없어. 왕따 시키고 싶으면 그렇게 하라고.

상대　이젠 어떻게 돼도 상관없단 말이지?

당신　응, 그래. 자네하고도 더 말하지 않겠어. 자, 그럼!

이 정도로 확고한 자립정신을 키워두면 더는 무서울 것이 없다.

뭐? 그런 겁나는 일, 도저히 할 수 없다고?

그런 당신에게는 마지막 일격을 가하도록 하겠다.

"누군가가 죽으라고 했다고 당신은 죽을 수 있습니까?"

우리는 모두 혼자서 살아가고 있다. 자신의 판단을 존중하며 최선을 다하기 바란다.

point 03
| 나중에 제시된 아이디어나 제안도 꼼꼼하게 검토할 것! |

이미 결정된 일이라 할지라도 나중에 제기된 방법론이 더 좋은 경우도 있다. 그것을 배제하고 제지하는 것은 파쇼다.

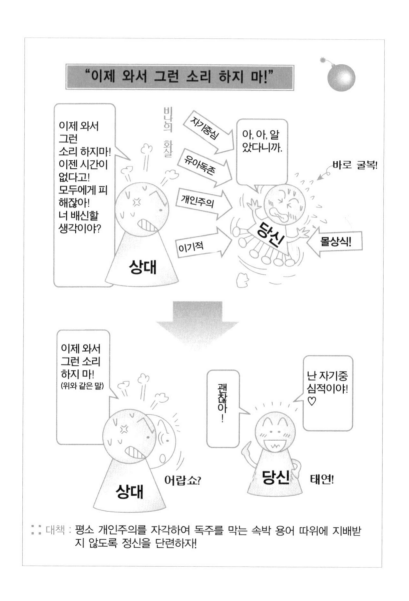

"제 기분 생각해본 적 있으십니까?!"

— 사용해서는 안 될 꼴사나운 말

급박한 한계상황에 내몰렸을 때 이런 말로 자신의 어려움을 호소해 어떻게든 상황을 바꿔보려 꾀하는 사람이 있다.

"저 같은 건 어떻게 되도 상관없다고 생각하고 계신 거죠?"

"왜 저만 이런 일을 당해야 하는 겁니까?"

"저도 이젠 지쳤어요!"

"한잠도 못 잤다고요!"

하지만 이런 말로 정말 자신의 어려운 처지를 주위사람들에게 이해시키고 도움의 손길을 얻어 국면을 타개할 수 있을 것이라고 생각하는 것일까?

안 됐지만 그렇게는 되지 않을 것이다.

실제로는 동정을 얻기는커녕 오히려 반발을 사는 경우가 훨씬 더 많다.

왜냐하면 궁지에 몰린 자신을 약자에 비유하여 '약자는 곧 선한 존재'라는 공식을 어필하고 있기 때문에 그렇게 되는 것이다.

자신이 자신을 약자라고 규정하는 것은, 옆에서 보기에도 좀처럼 납득하기 쉬운 구도는 아니다. 최후의 순간에 신경질적으로 어떤 도움의 손길을 바랄 정도라면, 어째서 좀 더 일찍 그렇게 되지 않도록 대책을 강구하지 않았는지?

그런 노력은 게을리 한 채, 일이 제대로 풀리지 않았다고 해서 마치 기다렸다는 듯 소란을 떠는 것은 규칙 위반이며, 귀찮기만 할 뿐. 세상은 뜻밖에도 냉정하게 그런 사람을 무시한다.

결국 이런 말은 일의 처리를 깔끔하게 하지 못하는 방법의 좋지 않음, 머리의 나쁨을 증명하는 것 외에 아무것도 아니며, 그 신경질의 정도가 강하면 강할수록 사람을 멀어지게 하는 효과밖에 없다. 그러한 사실을 말해주고 있는 것이다.

왜냐하면 이 말만큼 독선적인 말도 없기 때문이다.

"제 기분을 생각해본 적 있습니까?!"라는 질문에 "네, 있습니다."라고 대답하면 어떻게 될까? "거짓말 하지 말아요."라고 바로 반격을 받게 된다.

"아니, 없는데요."라고 대답하면 이번에는 "그래서 당신은 안 된다는 거예요!"라며 역시 비난을 받게 된다.

반 농담처럼 "있기도 하고 없기도 한데요."라고 대답하면 "무슨 소리 하는 거예요. 그럼 어떤 식으로 생각했었는지 말해 봐요."라고 추격의 고삐를 늦추지 않는 등 어떤 대답을 해도 본인은 화난 상태 그대로이다.

이런 사람이 곁에 있다면 바로 도망을 치는 수밖에 없을 것이다.

왜냐하면 반론할 방법이 없을 뿐만 아니라 대화도 서로 어긋나기만 할 뿐이기 때문이다.

자신의 게으름 탓에 궁지로 내몰리게 되었으면서도 그것이 마치 다른 사람 탓인 양 비난을 한다.

도움을 바란다면 자신의 일처리가 좋지 않았음을 인정한 뒤에 솔직하게 머리를 숙이는 것이 올바로 된 사람의 참모습일 것이다.

걸핏하면 이런 말을 하는 사람 주위에 있는 사람은 가능한 한 그런 말이 나올 것을 사전에 감지하여 빨리 그 자리를 뜨는 것이 가장 현명한 방법일 것이다. 그렇게 하지 않으면 뜻밖의 재난을 만나게 된다.

만약 그런 사람과 정면으로 맞서게 된다면 대체 어떤 결과를 맞이하게 될까?

아내   내 마음을 생각해본 적이나 있으세요?!

남편   어째서? 어째서 그런 생각을 할 필요가 있는 거지?

아내   뭐라고요?! 어떻게 그런 말을……. 보면 모르겠어요, 지금 제 상황을…….

남편   난 그런 거 모르겠는데.

아내   세, 세, 세상에!! 당신 같은 사람은 죽었으면 좋겠어요!!

아시는 바와 같이 아무리 얘기해도 보람은 없다.

역시 처음부터 상관하지 않는 것이 가장 좋을 것이다.

이런 사람의 신경질적 상태를 진정시키기 위해서는 본인이 진심으로 바라고 있는 대로 즉석에서 구원의 손길을 내미는 것 외에는 방법이 없다. 그러기 위해서는 당신에게 아무런 잘못이 없다 할지라도 처음에 사과를 해두지 않으면 안 된다.

아내   내 마음을 생각해본 적이나 있으세요?!

남편   아, 미안, 미안. 진작 눈치 챘어야 했는데, 미안. 난 정말 미련하다니까. 미안, 미안, 미안. 잘못했어. 내가 도와줄게. 무슨 말이든 해봐…….

아내   이젠 아셨나요? 알았으면 됐어요. 눈감아주죠. 그럼 당신 이거 도와주세요!

이처럼 어쨌든 원조 활동을 할 수밖에 없게 될 것이다.

그러나 그 결과 상대방의 마음이 조금 풀렸다고 해서 안심해서는 안 된다. 왜냐하면 상대방은 자신이 잘못했다고는 조금도 생각지 않고 있으니 말이다.

> **남편**   저기, 일이 이렇게 되기 전에 어째서 미리 손을 써두지 않은 거지?
>
> **아내**   네?! 뭐라고요? 역시 당신은 아무것도 몰라요, 흑! (분노)

이렇게 화를 내면 도로아미타불이다.

point 04

| 막다른 골목에 몰린 뒤에 하는 말은 보기 흉하다! |

그렇게 되기 전에 적절한 조치를 취해야 하며, 혹시 일이 난처해졌다면 일처리가 좋지 않았음을 인정한 뒤 진심으로 머리를 숙여 도움을 청할 것!

"이럴 줄 알았어."
— 상대방의 말을 자세히 분석하라

의뢰받은 일이 제대로 풀리지 않아 아쉬운 상황을 보고할 수밖에 없을 때, 상대방이 이런 말을 한다면 누구나 화가 날 것이다.

잘 되지 않을 것이라는 점을 미리 예견하고 있었다면 어째서 처음부터 예상되는 어려움에 대해서 충고나 주의를 주지 않았던 것일까? 아니면 보통사람이라면 잘해냈을 테지만 능력이 떨어지는 너였기에 역시 잘 되지 않았던 거야, 라고 생각하고 있었기에 이런 말을 한 것일까?

사실 이런 얕잡아보는 듯한 말을 하는 사람도 본인은 깊은 의미 따위 생각하고 있지 않은 경우가 많다.

이런 말을 쓰는 사람은 평소 밉살맞은 말을 하는 것이 습관이 되어 있다.

자신도 깨닫지 못하는 사이에 타인에게 상처를 주는 말이 조건반사적으로 잇따라 튀어나와 버리는 것이다.

"별일 다 보겠네. 자네치고는 잘했는데. 내일은 해가 서쪽에서 뜨겠어."

"이런 재능이 있을 줄은 몰랐어. 일도 그만큼 열심히 하면 얼마나 좋겠어."

"머리 쓰는 일은 못해도, 힘쓰는 일은 잘하는구먼."

"꽤나 화려한 넥타인데. 옷이 날개라더니."

"우와, 그 얼굴에 잘도 결혼했네."

"겉모습만은 커리어우먼일세."

헤아리자면 끝도 없을 정도로 쉴 새 없이 연발한다.

도무지 순수하게 감탄하거나, 칭찬하거나, 위로할 줄을 모른다.

"왜 그렇게 비꼬듯 말하는 겁니까?"라고 물으면 "비꼰 적 없어. 있는 그대로 본심을 분명하게 말했을 뿐이야."라고 넉살좋게 대답한다.

자신이 쓰는 말을 별로 돌아본 적이 없는 걸까 하고 주위 사람들도 이상히 여길 정도지만, 이런 부류는 틀림없이 언어에 둔감하다.

타인의 자존심이나 체면에도 그다지 관심이 없다.

그렇기 때문에 자신이 쓰고 있는 말이 애매하다는 사실을 조금도 깨닫지 못한다. 아니, 깨닫고 있다면 부끄러워서 쥐구멍에라도 들어가고 싶은 기분일 것이다.

어쨌든 이런 식으로 본인이 자각하고 있지 못한 경우에는 그것을 깨닫게 해주는 방법밖에 없을 것이다. 사실 가장 효과적인 것은 이런 방법이다. 상대방이 비꼬듯 말을 하면 당신도 역시 비꼬듯 맞받아치는 것이다.

상대　또 실패야? 내 전부터 그럴 줄 알았어.

당신　네. 기대에 부응하여 실패하고 말았습니다.

상대　별일이군. 자네가 한 거 치고는 아주 잘했어. 내일 눈이라도 내리는 거 아니야?

당신　별일이죠? 제가 한 거 치고는 정말 잘했어요. 눈이 내리면 눈사람이라도 만들어서 선물해드릴까요?

상대　그런 재능이 있는 줄은 몰랐어. 일도 그렇게 열심히 했으면 좋겠군.

당신　일도 열심히 하고 있는데요. 아마 화려한 동작만 열심히 하는 것처럼 보이고 착실하게 노력하는 부분은 열심히 하지 않는 것처럼 보여서 그럴 거예요.

상대   머리 쓰는 일은 못해도 힘쓰는 일은 아주 잘하는구먼.

당신   둘 다 못하는 사람보다는 훨씬 낫죠, 뭐.

상대   꽤나 화려한 넥타인데. 옷이 날개라더니.

당신   변화가 있는 게 좋죠. 언제나 똑같은 무늬의 넥타이만 하는 사람은 잘 모르겠지만.

상대   우와, 그 얼굴에 잘도 결혼했네.

당신   이런 얼굴이기 때문에 내면의 빛이 마음을 울린 거겠죠.

상대   겉모습만은 커리어우먼이로군.

당신   겉모습만이라도 커리어우먼이라니, 최고의 칭찬이네요. 평생 잊지 않고 기억할게요.

이런 식으로 비꼬는 듯한 말에는 비꼬는 듯한 대답을 하는 것이다.

그러면 상대방도 언젠가는 문득 깨닫게 되는 법이다.

어? 왜 불쾌한 느낌이 드는 거지? 이 사람은 지금까지 무슨 말을 들어도 반응을 보이지 않거나 헤죽헤죽 비굴한 웃음만을 웃었을 뿐인데 왠지 좋지 않은 느낌으로 받아들이고 있는 것 같아…….

　이런 부류의 사람에게는 '반발'이 가장 좋은 대책이다.

　듣는 사람이 말없이 입을 다물고 있어서는 영원히 깨닫지 못한다. 지금 바로 실천에 옮기자.

point 05
| 자신이 쓰는 말을 세밀하게 점검할 것! |

자신도 모르는 사이에 비꼬는 듯한 말을 사용하고 있지 않은지 점검할 필요가 있다. 진심으로 말을 하는 것이라 생각하고 있는 사람은 특히 그런 경향이 강하니 주의할 필요가 있다.

"그럴 줄 알았어."

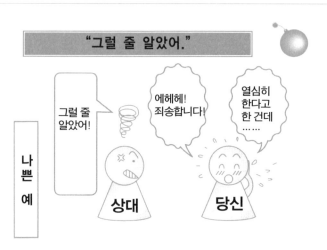

나쁜 예

그럴 줄 알았어!

에헤헤! 죄송합니다!

열심히 한다고 한 건데 ……

상대

당신

※ 비꼬는 듯한 말을 듣고도 잠자코 있거나 비굴하게 웃기만 한다면 상대방은 영원히 자신의 좋지 않은 말투를 깨닫지 못한다.

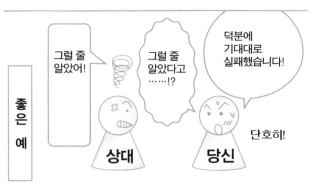

좋은 예

그럴 줄 알았어!

그럴 줄 알았다고 ……!?

덕분에 기대대로 실패했습니다!

단호히!

상대

당신

※ 불쾌하다는 생각이 들었다면 그 자리에서 그에 상응하는 '반발'을 할 것. 자신이 느낀 아픔을 상대방에게도 느끼게 하기에는 이 방법이 가장 효과적이다.

대책 : '비꼬는 말에는 비꼬는 말로 대응'하는 것이 상대방을 깨닫게 하는 최선의 방책!

CHAPTER 03

'거짓 · 바꿔치기형'

······말한 후에 후회해버리는 말투는 사용하지 말 것

"난 정말 바보야."
— 비겁한 잔꾀는 바로 간파당한다

사람은 일반적으로 인정을 받으면 기뻐하고 무시를 당하면 화를 낸다.

누구나 자기승인 욕구를 가지고 있기 때문에 멍청한 사람이라 여겨지길 싫어하며, 현명한 사람으로 보여 칭찬받고 싶어하는 것이 본래의 소망이다.

하지만 세상에는 "난 정말 바보야.", "머리가 나빠서 그러니, 좀 봐줘."라는 거짓말을 태연하게 하고도 부끄러운 줄 모르는 사람들이 있다.

이런 말을 하는 사람에는 두 부류가 있다.

하나는 진심으로 자신을 바보라고 생각하여 무식하고 사고력이 떨어진다는 사실을 알고 있으며 자신은 머리가 나쁘기 때문에 무엇을 해도 안 된다고 포기하고 애초부터 노력하려들지 않는 부류.

이런 사람들은 스스로 바보라는 딱지를 붙이고 무교양을 표방하고 있으니 타인에게 폐를 끼치지 않는 한 무시한 채 그냥 내버려두어도 좋을 것이다. 상대를 해봐야 시간 낭비이기 때문이다.

그런데 또 하나의 부류는 자신을 결코 바보라고 생각하고 있지도 않으면서 가끔 자신의 형편이 나빠지면 바보인 척하는 바보다.

실수나 실패를 하고도 바보라는 간판 뒤에 숨어 면죄를 받으려 한다.

이런 부류는 세상에 스스로를 바보라고 말하는 사람이 적다는 점을 교묘하게 이용하여 자신을 바보라고 인정하는 것이 마치 겸허함의 징표인 양 뻔뻔하게 바보를 표방하는 것이다.

당신 일이 왜 이렇게 된 거야! 지금까지의 고생이 물거품이
      됐잖아.
상대 미안, 난 정말 바보야. 정말, 머리가 나빠. 미안해.

바보에게 화를 내봤자 소용없는 일이잖아? 바보를 비판해봐야 득 될 건 아무것도 없어.

그러니까 이제 포기해, 바보니까. 바보가 한 일을 탓하는 건 시간 낭비야……, 이렇게 오히려 배짱을 튕기는 것이다.

죄를 인정하고 그 원인은 자신의 바보스러움에 있다고 사죄하는 것은 겸허함이나 깨끗하게 잘못을 인정하는 것과는 근본적으로 다른 것이다. 우스갯소리가 아니다. 바보라 그래, 미안해, 라는 말로 끝난다면 경찰도 필요 없을 것이다. 문제의 핵심을 바꿔치기한 것에 지나지 않는다.

그런 사람들을 상대한 뒤 뒷맛이 좋지 않은 것은 상대를 마음껏 야단치지 못한 것에 의한 스트레스뿐만 아니라 약자를 가장하는 비굴한 근성을 거기서 보게 되기 때문이다.

"우리 집은 가난해서 안 돼……."

"나 사실은 어렸을 때부터 몸이 약했어……. 그래서 힘들어……."

솔직히 이렇게 말하면 누구나 무엇인가를 강요하지 못하게 될 것이다.

그러한 사정들에 거짓이 없다면 충분히 정당성이 있는 말이 된다.

이런 차원의 말과 '바보라 그래, 미안해.' 라는 말은 서로 혼동하기 쉽다. 바로 그렇기 때문에 상대방의 의도에 걸려들어 나중에 후회하게 되는 것이다.

동료A 너, 바보냐?

동료B 응, 나 바보야.

동료A 내 참…….

단번에 적을 제압하여 공격의 손길을 늦추게 하는 효과만은 틀림없이 가지고 있다.

상대방은 말문이 막히고 머릿속이 아찔하여 다음 말을 찾지 못한다.

그 틈을 이용해서 얼른 도망쳐버리고 나면 뒷일이야 어찌 되든 상관없다는 태도다. 이런 사람들을 그냥 내버려두어서는 안 된다.

그렇다면 어떻게 대응하면 좋을까?

당신 어떻게 할 거야? 대체 어떻게 책임질 거야?

상대 미안, 난 바보라 말이지……. 머리가 나빠……. 정말 미안, 용서해줘.

당신 그래서 어쩔 건데…….

상대 아, 난 무식하고 교양도 없고 정말 바보란 말이야. 어쩔 수 없어. 용서해줘. 정말 둔해서 미안해.

당신 그게 어쨌다는 거야…….

상대 그러니까…….

당신 그래서 어쩔 건데.

상대 이거, 미안해……

당신 그러니까 어쩔 거냐고 묻잖아!

이렇게 '그래서 어쩔 건데'를 계속 되풀이해서 책임을 얼렁
뚱땅 회피하려는 상대를 위협한다.

이 말은 변명을 틀어막는 최후의 수단으로, 강력한 무기로
사용할 수 있을 것이다.

무엇보다도 짧기 때문에 지치지 않고 몇 번이고 쓸 수 있으
며, 상대는 어쩔 수 없이 바보를 되풀이하게 될 테지만 곧 말
문이 막혀버리게 될 것이다.

어떻게 책임을 질 것이냐는 궁극적인 질문에 대해서 제대로
대답하지 않으면 안 되게 될 것이다. 상대를 추궁하기에는 참
으로 적합한 말이라고 할 수 있다.

point 01
┌ | '바보'를 위장해도 끝까지 도망칠 수는 없다는 사실을 알아둘 것! | ┐

진짜 바보도 아닌 사람이 자신의 형편에 따라서 바보를 가장해도 어차피 언
발에 오줌 누기밖에는 되지 않는다. 비겁한 잔꾀는 간파당하고 만다.

::: 대책 : 추궁하기에 적합한 말인 '그래서 어쩔 건데!'로 제압하자!

"상식적으로 생각해보라고!"
— '상식'을 앞세우는 사람에게 반론은 무의미하다

위압적으로 젠체하며 이런 말을 퍼붓는 사람들이 있다.

"넌 상식도 없냐?"

"몰상식에도 정도가 있지."

"그런 말이 세상에서 통할 거 같아?"

그러나 이런 말을 아무리 되풀이한다 할지라도 듣는 입장에서 보자면 쓸데없는 참견에 지나지 않는다.

굳이 말하자면 세계관이 다른 것이다.

상식이라는 것은 보통 일반적인 사람들이 가진 지식이나 판단력을 가리키는 말이다.

하지만 이 말은, 사람이 모처럼 그런 당연한 범주에서 벗어나 새로운 가능성으로 나아가려 하는 바로 그 순간에 그런 행동 전부를 규제하듯 던져지는 경우가 대부분이다.

그 정도는 충분히 이해하고 있다. 다른 관점에서 색다른 모색을 하려는 것이니 잠깐 입을 다물고 상대방의 말도 들어주는 것이 정상 아닐까?

수평적인 생각을 존중하여 좁은 촌락사회 속에서 통용되는 가치관에서 벗어나려 하는 사람의 발목을 붙잡기에는 참으로 좋은 말이다.

이 말의 좋지 않은 점은, 마치 상대방의 입장을 고려한 교육적 배려를 몸에 두르고 있는 것처럼 보인다는 데 있다.

네가 발을 잘못 디뎌 구렁텅이에 빠지지나 않을까 너무 걱정이 돼서 충고하는 거야. 세상의 상식이란 네가 생각하는 것처럼 그렇게 만만하지가 않단다. 다 생각해서 하는 말이니 다시 한 번 생각해봐. 생각을 바꿔.

이런 사람의 말에 일일이 따른다면 새로운 길은 영원히 개척할 수 없을 것이다.

무릇 상식이라는 말이 좋아서 그것을 함부로 사용하고 있는 사람들은 한번쯤 자신의 가슴에 손을 얹고 잘 생각해보는 것이 좋을 것이다.

이단을 싫어하고 몰상식함을 미워한 나머지 자신이 너무나도 구태의연한 고정관념에 물들어 버린 것은 아닐지.

상식을 존중하는 자세 자체를 소리 높여 주장하면 주장할수록 그야말로 상식에서 벗어난 행동이 된다는 모순된 논리가 거기에는 존재한다.

그런데 난처하게도 상식을 외치는 사람은 자신을 상식이 있는 사람이라고 믿어 의심치 않는 경우가 많다.

타인의 상식을 논하기 전에 자신의 상식이라는 것을 한번쯤은 냉정하게 점검해보기 바란다.

이런 사람은 다카오산에 있는 절에 걸린 '열 가지 잘못된 생각'을 참고로 삼으면 좋을 것이다.

①_ 높다고 생각하지만 낮은 것은 '교양'

②_ 낮다고 생각하지만 높은 것은 '자존심'

③_ 깊다고 생각하지만 얕은 것은 '지식'

④_ 얕다고 생각하지만 깊은 것은 '욕심'

⑤_ 두껍다 생각하지만 얇은 것은 '인정'

⑥_ 얇다고 생각하지만 두꺼운 것은 '낯가죽'

⑦_ 강하다 생각하지만 약한 것은 '근성'

⑧_ 약하다 생각하지만 강한 것은 '자아'

⑨_ 많다고 생각하지만 적은 것은 '분별'

⑩_ 적다고 생각하지만 많은 것은 '낭비'

그리고 여기에 한 가지 더해서 "있다고 생각하지만 없는 것은 '상식'"이라고 알아두기 바란다. 상식이라는 말을 봉인하는 좋은 기회가 될 것이다.

그런데 이런 사람의 상식에 휘둘려 입장이 난처해진 경우에는 어떻게 하면 좋을까?

여기서는 느닷없이 상대방에게 반발하지 말고 의표를 찌르는 식으로 '공감'만을 표해두는 것이 바람직하다.

상대　상식적으로 생각해보라고!

당신　과연, 역시 그렇군요!

상대　뭐, 뭐라고?

당신　그렇게 말씀하실 줄 알았거든요, 그러니까 제 예상대로였기에…….

상대　……?

당신　좋은 힌트를 주셔서 정말로 감사합니다.

상식을 앞세우는 사람에게는 우선 "과연"이라고 공감의 뜻을 보이고 긍정적으로 대응해 나가자. 하지만 그렇다고 해서 상대방의 의견에 동의한 것은 아니다.

많은 말을 하지 말고 이렇게 상식 마니아에게서 한시라도 빨리 멀어지는 것이 상책이다.

---| '상식'을 앞세우기 전에 자신의 '상식'을 먼저 점검할 것! |---

자신의 좁은 시점으로만 상대방의 시점·사고방식을 보고 있는 것은 아닌지 엄격하게 점검할 필요가 있다.

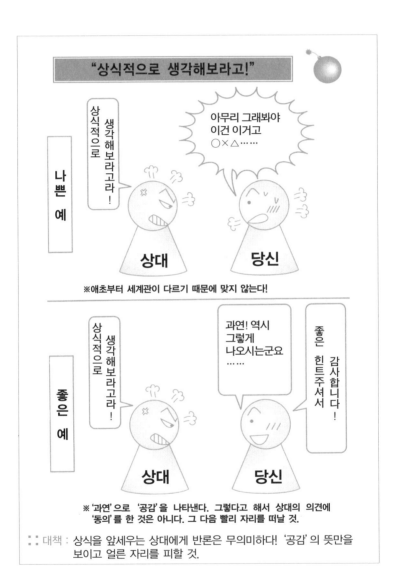

"나머지는 마음대로 하세요."
— 액면 그대로 받아들여서는 안 된다!

언뜻 온화하고 특별할 것 없는 말처럼 들리기도 한다.

그러나 교활한 덫을 놓은 뒤라면 사람을 지옥으로 떨어뜨리기에 충분할 만큼 무책임한 말이 되기도 한다.

부하　간신히 여기까지 왔으니 나머지는 알아서 해주십시오.

상사　응?! 여기까지라니, 전부 해주는 거 아니었어?

부하　괜찮습니다. 다음부터는 누가 해도 문제없게 해두었으니까요.

상사　그래도 말이지, 이건 자네가 상대방과 이야기해서 지금까지 해온 일 아닌가? 자네가 마지막까지 해주지 않으면······.

부하 하지만, 전 오늘로 퇴사합니다. 아시잖아요, 더는 안 됩니다!

상사 (헉)······!!

가끔 이런 장면을 볼 수 있다. 지금까지 쌓였던 원한, 미움을 마지막에 푸는 것이다. 최후의 몸부림이라고도 할 수 있을 것이다.

이런 때 쓰는 것이라면, 어떤 의미에서는 오히려 속이 시원하다.

당했다! 큰일 났다! 며 자신의 어리석음을 저주할 뿐이다.

그러나 실제로는 이런 경우뿐만이 아닐 것이다.

나머지는 구워 먹든 삶아 먹든 당신 마음대로 하라고 했지만, 그렇게는 되지 않는 경우가 있기에 난처한 것이다.

어떤 사정 때문에 다른 사람에게로 넘겨야 할 일이 있다고 하자.

이럴 경우, 모든 것을 손에서 놓아야 하니 미련 없이 포기하고 상대에게 맡기는 것이 좋다. 해야 할 말로는 상대방에게 경의를 표하며 "잘 부탁드리겠습니다."라고 하는 것이 가장 적합할 것이다.

그럼에도 불구하고 "나머지는 마음대로 하세요."라는 식으로 일부러 말하는 사람들이 있다.

이런 말을 들으면 누구나 묘한 반발심을 느끼게 된다.

그렇다, 적이 노리는 것이 바로 그것이다.

거기에는 도중에 손을 놓기는 하지만 지금까지 일한 것은 자신이라는 주장이 숨겨져 있으며, 완성되지는 않았지만 나머지는 당신의 자유라는 특별 옵션까지 더해서 넘겨주는 은혜를 베푸는 것이라고 말하려는 듯한 느낌이 전해진다.

게다가 이런 사람들은 나중이 돼서도 이래저래 참견을 하려 하기 때문에 뒷감당을 하기도 힘들다.

"이런, 어째서 일이 이렇게 되어버렸습니까?"

"네? 그 일 그만뒀습니까? 포기하기 아까운 일인데!"

일이 잘 풀리지 않았다거나 포기했다는 사실을 알자마자 비아냥거리거나 비난하는 듯한 말을 한다. 설령 일이 잘 성사됐다 할지라도,

"오호, 그렇군요. 이런 식으로 하고 싶었던 거군요. 개성이 느껴져서 좋네요."

"야, 잘 됐군요. 꽤 잘했는데요. 제법이에요."

이렇게 비평을 하거나, 성공한 것은 도중까지 일을 했던 자신의 공적이라고 말하기라도 하듯 대수롭지 않게 평가절하 한다.

"마음대로 하세요."라고 집착하지 않는 것처럼 보였지만 사

실은 미련을 버리지 못하고 있었던 것이다.

모르긴 몰라도 우유부단한 성격에, 자신도 모르게 말과는 반대가 되는 행동만을 취해버리는 분열기질적 경향이 더해진 것이리라.

"나머지는 마음대로 하세요.", "나머지는 뜻대로."라고 말하면서 마음대로 하거나 뜻대로 하는 것을 싫어하는 것이다.

그렇기 때문에 이런 말은 절대 액면 그대로 받아들여서는 안 된다.

상대　나머지는 마음대로 해.

당신　거짓말 하지 마. 마음대로 하지 말았으면 하는 거지?

상대　아니, 무슨 소리 하는 거야. 마음대로 해도 상관없다니까.

당신　그래? 그럼 전부 부수어버리든 내다버리든 잔말하기 없기야. 참, 그리고 성공하든 실패하든 이러쿵저러쿵 따지지 않겠다고도 약속해줘.

상대　그야 당연하지.

당신　됐어, 그럼 내 맘대로 해주지. 그 말 죽어도 잊으면 안 돼.

이 정도로 다짐을 받아두는 것이 좋을 것이다.

이러쿵저러쿵 말을 듣고 난 뒤에는 이미 손을 쓸 수가 없다.

처음에 깨끗하게 체념하게 만들어 두는 것이 좋다.

바로 이것만이 최선의 대책이다.

point 03
----| 누군가에게 무엇인가를 맡길 때에는 '집착'을 버려야 한다! |----

타인에게 일을 넘겨 뒷일을 부탁할 때에는 '잘 부탁드립니다.' 라고 해야 하는 법. 쓸데없이 집착하며 타인에게 위화감을 주면 분열된 인격이라 여겨진다!

"그런 뜻으로 말한 게 아니야."
— 전에 했던 말에 무책임해서는 안 된다

상대방이 전에 했던 말에 대해서 내가 느낀 의미나 내용 등을 지적하면 바로 이런 대답이 돌아오는 경우가 있다.

그런 식으로 받아들였다면 그건 오해다.

네 해석은 틀렸으니 바로 정정하기 바란다, 이런 반응이 돌아온다.

비위에 거슬리는 말 아닌가?

일방적으로 이쪽의 수용방법을 문제 삼고 있지만 실제로 그런 식으로 들렸기에 그렇게 기억했을 뿐이다.

백 번 양보해서 설령 이쪽이 오해를 했다 할지라도 상대방이 오해하도록 말을 한 쪽에 그 책임이 있는 것이다.

이 말에는, 나는 오해를 살 만한 말은 하지 않았다, 그렇게 이해하기 쉽게 표현했는데 너는 그걸 잘못 받아들인단 말이냐, 우습지도 않다, 라는 생각이 감춰져 있다.

전에 자신이 했던 말을 명백하게 변경하는 경우에조차, 자신의 말에 오류가 있을 리 없다고 단언하는 오만한 태도에 화가 나는 것이다. 분명하게 잘못을 인정하고 정정하면 될 일 아닌가?

비슷한 말로 예전의 말 자체를 기억에 없는 것처럼 시치미를 떼고 부정해 버리는 경우도 있다.

"내가 언제 그런 말을 했어?"

"웃기지 마, 내가 그런 말 할 리 없잖아."

그리고 대부분의 경우 이런 말을 거듭 되풀이하며 총력전을 펼치니 더 이상 할 말이 없다.

상대 그런 뜻으로 말한 게 아니야.

당신 그럼 어떤 뜻으로 말한 건데? 너는 ○×니까 △○고,
      ××니까 ○○라고 분명히 말했어.

상대 무슨 소리 하는 거야, 내가 그렇게 말했을 리 없어. 너
      의 착각이야.

당신 그렇게 말했다니까. 네 입장에서는 그때 그렇게 말할
      수밖에 없었을 거야. 이제 그만 인정해.

상대 내 참, 어떻게 그렇게 오해를 할 수가 있어. 전에도 그

렇고 지금도 그렇고 내 입장이나 생각에는 변함이 없다고.

당신 무슨 소리 하는 거야. 완전히 정반대로 바뀌었잖아.

상대 조금도 변하지 않았어. 무엇보다 내가 그런 말 할 리가 없어.

전에 했던 구체적인 대화 내용을 증거로 내세워도 고집스럽게 인정하지 않는다.

말을 했네, 안했네 하며 평행선을 달려도 상관없는 것이다. 계속 부정하고 있기만 하면 곧 상대방이 끈기에 밀려서 사실관계조차 애매한 채로 얼버무릴 수 있다고 생각하고 있는 것이리라.

그렇게 해서 자신이 예전에 했던 말 자체를 처음부터 하지 않았던 것처럼 만들어버리는 것이다.

이것은 변명하고 있는 것처럼 보이지만 결코 변명하는 태도가 아니다. 자신에게는 잘못이 없으니 어떤 책임도 인정하지 않겠다는 태도로 일관하는 것에 지나지 않는다.

이런 사람은 전형적인 기회주의자다.

예전에 자신이 한 말이라 할지라도 "그런 생각으로 말한 게 아니었다."거나 "아니 그런 말 한 적 없어."라며 부끄러운 줄도 모르고 이리저리 말을 바꾸는 사람들이다.

물론 이런 말만 하는 사람은 남들로부터 점점 신용을 잃게 된다.

지금은 이렇게 말하고 있지만 이번에도 어차피 그런 생각으로 말한 기억 없다, 며 자신이 한 말을 뒤집을 것이라고 여겨지게 된다.

그리고 이 같은 부류의 사람은 자신의 변덕스러운 행동을 정당화하기 위해서라도 역시 비슷한 종류의 말을 자주 쓰는 법이다.

"그런 의미인 줄은 몰랐습니다."

"빨리 말했으면 좋았을 텐데."

말이란 것은 귀에 걸면 귀걸이 코에 걸면 코걸이라고 생각하고 있는 것이리라.

이런 사람들과 정면으로 맞서 승부를 가리기란 쉬운 일이 아니다.

필사적으로 전에 했던 말을 변경하려 하는 상대방에 대해서는 오히려 바람에 나부끼는 버들가지처럼 유연하게 피해가는 것이 가장 좋을 것이다.

상대　그런 생각으로 말한 게 아니야.

당신　아, 그래? 알았어…….

상대　그러니까 네가 오해하고 있는 거라니까. 난 정말 그런

식으로 말한 적 없어. 전부터 ○×는 ○△라고 생각하
고 있었으니까.

당신 그래, 알았어, 알았어. ○×는 ○△라고 전부터 생각
하고 있었단 말이지?

상대 맞아, 그렇다니까, 너의 오해야.

"응, 알았어."라고 상대방의 말을 긍정해주고 끈질기게 자
꾸만 말을 하면 상대방의 말을 그대로 되풀이해주는 것이다.
이렇게 하면 상대방은 안심하게 될 것이다.

이런 사람들과 말을 했네 안했네 하는 문제로 말씨름하는
것 자체가 한심한 일이니 진지하게 대화해서는 안 된다.

point 04
| 자신이 전에 했던 말에는 책임을 지자! |

전에 했던 말을 정정하고 싶다면 분명하게 정정을 해야 한다. 상대방의 '오해'
나 '착각'이라며 책임을 회피하는 태도는 비겁하다.

대책 : "알았어."라고 긍정하고 상대의 말을 그대로 되풀이한다.
이렇게 하면 상대방은 안심한다.

"자네한텐 두 번 다시 부탁 못하겠군."

— 사람을 버리는 듯한 말에 주의할 것

좋지 않은 결과에 대한 최후통첩 같기도 하고 아닌 것 같기도 하기 때문에 이 말이 기분 나쁘게 들리는 것이다.

"자네한테는 부탁하지 않겠다."고 직설적으로 의사표시를 하는 것이 아니라 "자네에게는 부탁 못하겠군."이라고 상대방의 능력부족을 암시하며 혼잣말처럼 중얼거리는 것이 이 말의 특색이다.

정말 스스로에게 하는 말이라면 말없이 마음속으로 하면 된다. 이 녀석에게는 두 번 다시 부탁할 수 없겠군……이라고. 그것을 굳이 상대방에게 말하는 것이다. 참으로 합리적 판단을 분명하게 내린 것 같은 말투이기 때문에 듣는 사람에게는 등 비빌 여지도 없는 차가운 태도처럼 보이기도 한다. 절망적인 기분이 들기도 할 것이다.

누가 뭐래도 이미 결정한 일이니 아무리 반성해도 이제는 늦었다는 태도를 취하지만 내심은 다르다. 어쨌든 빨리 내 기분에 맞춰라, 그러지 않으면 영원히 기분이 상해 있을 것이라는 유치하고 협박적인 의도가 뻔히 들여다보인다.

게다가 웬만해서는 마음을 풀지 않을 것이라는 강한 결의표명이기도 하기 때문에 이런 상대는 참으로 귀찮기 짝이 없다. 앞으로는 언제까지고 황송하다는 태도로 변명이나 사죄를 하지 않을 수 없게 되는 것이다.

"멍청한 녀석! 이런 실수를 하다니, 장난치는 거야?"

이렇게 호통을 치는 것이 듣는 쪽도 훨씬 더 마음 편할 것이다. 그 자리에서 야단을 맞고 바로 사죄를 하면 상대방도 받아들이는, 이런 과정을 거친다면 서로의 신뢰관계도 굳건해지는 환경에 있는 것이라 말할 수 있다.

그러나 이런 말은 그렇지가 못하다.

"자네에게는 더 이상 충고하지 않기로 했네.", "이젠 자네가 무슨 일을 하든 난 모르겠네."

이런 매정한 말에서는 상대방에게 오로지 복종만을 요구하는 모질고 박정한 심리밖에 보이지 않는다.

이런 상대에게 저자세로 나간다는 것은 상대방의 의도에 말려드는 것이다.

아무리 시간이 흘러도 용서를 얻을 수 있다는 보장은 없으며 스트레스만 쌓이게 되기 때문이다.

과연 어떻게 대처하면 좋을까? 다음 대화를 보고 비교 검토하기 바란다.

상사   자네에게는 두 번 다시 부탁 못하겠군.

부하   저…… 그런 말씀 마십시오. 정말 죄송하게 생각하고 있으니.

상사   이젠 됐다니까 그러네.

부하   아니, 그것만으로는 부족합니다. 부탁드리겠습니다! 제발 용서해주십시오.

상사   이젠 됐어. 자네에 대해서는 더 이상…….

부하   저……, 어떻게 하면 되겠습니까? 용서를 받기 위해서라면 무슨 일이든 할 테니, 잘 부탁드리겠습니다!

상사   자네도 참 끈질기군. 됐다면 된 줄 알아.

부하   제발, 제발 부탁드리겠습니다! 그런 말씀 마십시오. 저를 버리지 말아주십시오. 부탁드리겠습니다!

상사   자네의 얼굴도 보고 싶지 않아. 당장 나가.

부하   부탁입니다!! 용서해주십시오!!

이래서는 상대방의 덫에서 결코 벗어날 수가 없다. 부하는 더욱 심한 굴욕감을 맛볼 뿐이다.

이럴 때는 상대방의 말에 동요하지 말고 상대방의 가혹한 말을 다시 한 번 되묻는 여유를 갖기 바란다. 그리고 되물을 때의 말은 상대방의 가혹한 말을 재가공하여 좀 더 강렬하게 하는 것이 좋다.

상사 자네에게는 두 번 다시 부탁 못하겠군.

부하 저……, 이제는 저를 믿을 수 없다……, 그러니 부탁할 수 없다는 말씀이십니까?

상사 대충 그렇게 되는 셈이지.

부하 그건 너무합니다. 제게 인간적 가치가 없다고 말씀하시는 건가요?

상사 그럴지도 모르지…….

부하 최악의 인간이라면 저는 앞으로 어떻게 살아가면 좋단 말입니까?

상사 그런 말은…….

부하 그런 말씀 아니십니까? 죽으라는 말을 들은 것과 다를 바 없습니다!

상사 그렇게까지는…….

부하 아니, 그렇지 않습니다. 제게 죽으라고, 살아 있을 가치가 없으니 죽으라고 말씀하시는 거죠?

상사   난 그렇게까지는 말하지 않았어······.

부하   아니, 그렇지 않습니까? 죽으라고 말씀하시니 죽을 수밖에 없지 않습니까? 어떻게 그런 말씀을 하실 수 있으십니까?

상사   아니······, 자, 잠깐만······. 자네 목소리가 너무 커. 좀 더 냉정하게 얘기하자고, 냉정하게······.

이 정도로 과장스럽게 이야기하면 형세는 틀림없이 역전될 것이다.

point 05
| 사람을 내치는 것 같은 결의표명은 금물! |

사람을 내치고 밀쳐내는 듯한 말로 암암리에 상대방의 복종을 요구하는 태도는 위험하다. 말꼬리를 잡아 역습을 가해오면 제 무덤을 판 꼴이 되고 만다!

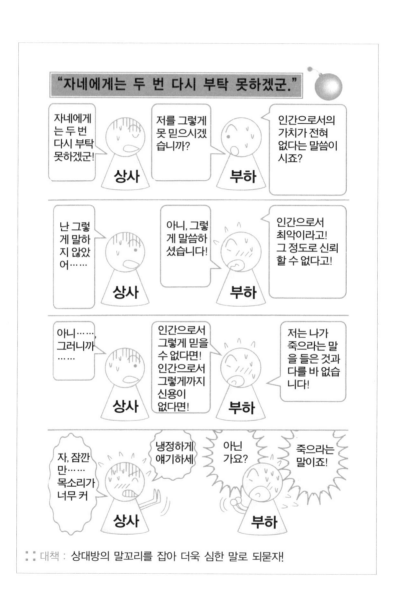

CHAPTER 04

'강요형'

······ 상대방의 입장을 무시하는 말은 미움을 산다

"그건 서로 마찬가지 아닌가요?"

— 불만이 해소되지 않는 말은 의미가 없다

이런 말이 쉽게 입에서 나오는 사람은 틀림없이 평소부터 평등의식이 강한 사람일 것이다.

직장이나 가정에서, 혹은 공공장소에서 누군가가 불현듯 불평·불만을 토로했다고 하자.

"그런 말씀 마세요. 누구나 같은 마음입니다. 당신만 피해를 본 듯한 주장을 듣는 것은 주위 사람들에게도 피해가 됩니다."

이렇게 선생님이 부주의하고 어리석은 학생을 나무라듯 바로 '교육'을 실시하지 않으면 속이 풀리지 않는 성격이다.

당신이 놓인 상황도 내가 놓인 상황과 같은 환경에 있다는 점을 모른단 말인가. 주어진 조건은 같다. 혼자서만 앞장서서 피해를 주장하는 것은 규칙 위반이다. 매너 없는 행동이다.

이처럼 독선은 용납되지 않는다는 점, 모든 일은 전체를 보고 판단해야 한다는 점, 한 사람 한 사람이 도덕심이나 공덕심을 가져야 한다는 점을 주장하고 있는 것이다.

그러나 이런 말을 들은 사람은 화가 나는 법이다. 납득할 수 없는 기분이 드는 것이다. 왜냐하면 언뜻 보기에 이 말은 타인에게 공평·평등을 설명하고 있는 듯하지만 모두 하나가 돼서 불평·불만을 해소하기 위해 어떤 노력을 하자는 등의 협조정신은 조금도 찾아볼 수 없기 때문이다.

불평·불만을 토로한 사람의 문제 해결에 도움이 되지 않을 뿐만 아니라 하는 말이라고는 그저 '인내의 미학' 뿐이다. 그러한 기만성에 화가 나는 것이다.

사실 이런 무리는 세상에 여럿 서식하고 있다.

이런 말을 리더십의 발로이기라도 한 양 착각하여 모두의 입을 다물게 하기 위해 자주 사용하는 '착한 어린이'는 세상 어디에서나 볼 수 있다.

본인 자신이 체제 쪽의 수하가 되어 솔선하여 불평·불만을 억압하고 있다는 사실조차 깨닫지 못한 채 모든 이들을 '선도'하며 자부심을 느낀다. 이른바 민주주의의 적과 같은 인물이라고 말해도 좋을 것이다.

당신도 무의식중에 이런 말을 하고 싶어진다면 주의를 기울

일 필요가 있다. 잘난 척 나무라는 것 같지만 결과적으로는 연대 거절의 정신을 나타내는 것에 다름 아니니.

동료A 전에 말했던 일, 역시 인원이 꽉 차서 자리가 부족해. 고객들로부터 불평이 쇄도하고 있어. 자네 쪽 자리를 좀 양보해줄 수 없겠어?

동료B 그건 서로 마찬가지잖아. 우리도 고객들로부터 불평을 듣고 있기는 마찬가지야.

동료A 쳇, 치사하게…….

동료B 치사한 게 아니야, 서로 마찬가지니까.

이렇게 대화가 발전되기는커녕 오히려 살벌해지기만 한다. 그렇다면 다음의 대화는 어떨까?

동료A 전에 말했던 일, 역시 인원이 꽉 차서 자리가 부족해. 고객들로부터 불평이 쇄도하고 있어. 자네 쪽 자리를 좀 양보해줄 수 없겠어?

동료B 그래, 자네 쪽도 고생을 하는군. 양보해주고 싶은 마음이야 굴뚝같지만 우리도 고객들의 불평이 많고 자리가 부족해.

동료A 음, 역시 그렇군…….

동료B 나도 여러 가지로 생각하고 있기는 한데 좋은 방법이
좀처럼 떠오르지 않아.

앞의 대화에 비해서 협조적이고 융화적인 분위기가 감돌고
있다는 점을 잘 알 수 있다. 이러한 차이는 상대방의 불평·불
만에 대해서 쌀쌀맞게 "그건 서로 마찬가지야."라고 내치지
않는다는 점에 있을 것이다. 뒤쪽 대화에서는 상대방의 불
평·불만을 "그렇군."이라고 받아들여 립서비스를 한 뒤 "양
보해주고 싶은 마음이야 굴뚝같지만"이라고 덧붙임으로 해서
상대방을 먼저 생각하는 마음이 있다는 사실까지 은연중에 내
보이고 있다.

설령 문제 해결에까지는 이르지 못한다 할지라도 이와 같은
이해심을 조금이라도 보이면 불평·불만을 토로한 사람의 마
음도 위안을 얻게 되는 법이다.

그렇다면 이런 말을 하는 사람에게는 어떤 대책이 유효할
까?

동료A 인원이 꽉 차서 자리가 부족해. 불평이 쇄도해서 어
떻게 해야 좋을지 모르겠어. 자네 쪽 자리를 조금 양
보해줄 수 없겠나……

동료B 그건 서로 마찬가지 아닌가? 우리 쪽도 자리가 부족

해.

동료A   그런 건 상관없어! 부탁이니 양보하라니까! 양보하라
고, 부탁이야, 피~스!

'서로 마찬가지'라고 말하는 억압형 말에는 어떤 것이든 상
관없으니 의도적으로 무시하는 말을 던지자. 상대방은 주눅이
들어 더는 한마디도 말을 잇지 못하게 될 것이다.

point 01

───┤ **불만 해소에 도움이 되지 않는 말은 의미가 없다!** ├───

불평·불만에 대해서는 문제해결이 되지 않는다 할지라도 협조·융화 정신으
로 임할 것

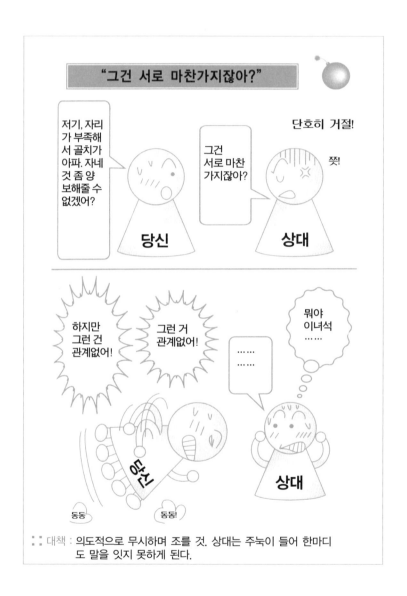

1

"네 생각해서 하는 말이야."
— 자기를 위하면서 상대를 위한다고 말하지 말라!

듣고 싶지도 않은 잔소리를 할 때 결정타를 날리듯 반드시 하게 되는 것이 이 말이다.

네게는 귀가 따가운 말일지도 모르겠지만, 결국은 너를 위한 거야.

지금은 참아야 할 때야, 생각해서 하는 소리니 말 들어.

속는 셈 치라고. 분명히 내 말대로 될 테니까.

마음이 약한 사람은 점점 생각이 바뀌어 씁쓸하게 생각하면서도 수긍하지 않을 수 없게 된다. 그러면 이번에는 칭찬의 말이 기다리고 있다.

"그래, 이제 알아들었나. 잘 됐군. 잘 됐어." 그리고 다시 한번 다짐을 하듯 "누가 뭐래도 너를 위한 일이니까."라고 물러나며 만족스러운 표정을 보인다.

그 순간 깨닫게 되는 것이다. 결국 이 사람을 기쁘게 해주기 위해서 납득하지도 못한 일을 납득한 척해버렸다는 사실을. 다시 말해서 자신을 위한 것이 아니다. 상대방을 위해서 설득에 응한 모양새가 되어버린 것일 뿐이라는 사실을.

왠지 뒷맛이 찜찜한 기분이 든다.

바로 그렇기 때문에 처음부터 솔직하게 말해주기를 바라는 것이다.

"내 체면 좀 세워줘.", "자네가 수긍하지 않으면 내가 곤란해져."

이렇게 말하면 알기 쉽다. 그런데 자신의 형편을 먼저 생각하고 있으면서도 상대를 위해서라고 거짓말을 한다는 데 이 말의 음흉스러움이 있다.

어째서 자신을 위해서라고 말하지 못하고 상대를 위해서라고 뻔뻔스럽게 말하는 것일까?

그것은 아마도 자신이 나중에 손해를 보지 않기 위한 예방책일 것이다.

그 말대로 했다가 실패했을 때 "네가 부탁해서 해보았지만 결국 어처구니없는 결과를 맞게 됐어. 어떻게 할 거야. 그렇게 말한 네게 책임이 있는 거야."라는 말을 듣지 않기 위해서일 것이다.

다시 말해서 결과는 어디까지나 자기 책임, 나는 충고만 했을 뿐 할지 말지는 개인의 뜻이며 행동이라는 사실을 확인케 하는 수단이라는 것이다.

그러나 이 말의 음흉스러운 점은 그러면서도 일이 잘 풀렸을 때는 그에 상응하는 보수를 기대하고 있다는 점에 있다.

"덕분에 일이 잘 됐습니다. 그때 당신의 충고가 없었다면 무슨 일이 벌어졌을지 모릅니다. 정말 감사합니다."라는 말을 기대하고 있는 것이다.

실패하면 네 책임. 성공하면 내 공이니 감사하라는 것이다.

상사 아무리 거래처가 잘못했다 할지라도 화나게 해서는 안 돼. 다시 한 번 가서 어쨌든 사과를 하고 와. 이건 자네를 생각해서 하는 말이야.

부모 대학만은 꼭 졸업하도록 해라. 다른 말은 하지 않겠다. 이건 너를 위해서 하는 말이야.

친구 그런 남자가 하는 말 따위 믿어서는 안 돼. 이건 너를 위해서 하는 말이야.

은혜를 베풀듯 '너를 위해서'를 연발하는 장면은 곳곳에서

볼 수 있다.

결과는 어디까지나 자기 책임이니 따를 이유는 없지만 꼼짝도 못하게 요구대로 따를 것을 강요한다.

그렇다면 이런 말로 압박해올 때는 과연 어떻게 대처하면 좋을까?

선택은 오직 하나. 따르든 거스르든 상대방의 말을 정확히 해석한다. 그리고 그 자리에서 말이 갖는 의미를 정확하게 되새겨두는 것이다.

그렇게 하면 적어도 상대방에게 굴복했다는, 뒤에 남을 불쾌한 감정은 그 자리에서 불식시킬 수 있을 것이다.

상사   어쨌든 사과하고 와. 자네를 위해서 하는 말이야.

부하   저를 위해서? 저를 위해서라면 됐습니다. 상대방이 잘못했는데 사과한다는 건 납득할 수 없으니까요.

부모   대학만은 꼭 졸업해라. 다른 말은 하지 않겠다. 이건 너를 위해서야.

자식   나를 위해서? 나를 위해서라면 됐어. 졸업장은 필요 없으니까……

친구   그런 남자 말 따위 믿어선 안 돼. 이건 너를 위해서야.

당신 나를 위해서? 나를 위해서라면 됐어. 믿고 안 믿고는
      내 자유니까.

일단 반론을 위한 질문을 던져보는 것이 좋다.

그러면 전부가 말하는 사람 자신의 체면이나 허영, 취미나
취향을 강요하고 있는 것이라는 사실을 분명히 알 수 있게 될
것이다.

정직한 사람이라면 바로 깨닫고 상대방을 위해서가 아니라
자신을 위해서라는, 요구의 배경을 솔직하게 인정하는 경우도
있을 것이다.

그 점을 명확하게 한 뒤에 상대방의 말에 따를지 아니면 거
스를지를 스스로 판단하면 된다. 그렇게 하면 훗날까지 불쾌
한 기분을 품고 있지 않아도 될 것이다.

point 02
┆----| 자신을 위한 일이면서 상대방을 위한 일이라고 말하지 말 것! |--┆

요구한 대로 행동하게 해놓고 실패하면 본인 책임, 성공하면 자신의 공이라고
생각하는 것은 너무 이기적이다.

"열심히 하고 있습니다!"
— 결과에 자신이 없다 할지라도 조급한 말은 하지 말 것!

사람은 누구나 인정받고 싶어 하며, 칭찬받고 싶어 한다.

그렇기 때문에 어떻게든 좋은 결과를 내고 싶다는 생각을 가지고 일에 매달리는 것이 본래의 모습이다.

그러나 도중까지 온 시점에서 도저히 좋은 성과는 바랄 수 없게 되는 경우도 있다. 그렇게 되면 불안한 마음, 초조함이 묻어나 엉뚱한 행동을 하는 사람도 나올 것이다.

이 말도 그런 때에 튀어나오는 전형적인 말 중 하나다.

"지금 하고 있는 중입니다!"

"도중에 감 놔라 배 놔라 하지 마세요!"

"제 나름대로 하고 있습니다!"

뒤의 결과에 대한 전망이 어두워질수록 현 단계에서 악전고

투하고 있는 상황을 자신도 모르게 말하게 된다.

이유 중 하나는 과정에서 이렇게 열심히 노력하고 있다는 사실을 사전에 각인시켜놓고 싶다는 마음이 있기 때문일 것이다. 결코 소홀히 하지 않았다는, 언뜻 고지식하게도 보이는 호소인 것이다.

실패했을 경우의 면죄부가 되기를 바란다는 알리바이 증명에 가까운 것이라고도 말할 수 있을 것이다.

또 다른 이유는 이런 상황이니 더는 좋은 결과를 기대할 수 없다, 절반은 포기하라는 비명과도 같은 호소를 포함하고 있는 경우도 있을 것이다.

어쨌든 이런 말은 여유가 있는 상황에서는 결코 하지 않는 말이기도 하다.

결과에 대해서 어떤 평가가 내려질지 모른다는 불안한 마음이 있기 때문에 자신도 모르게 노기까지 머금은 이런 말을 하게 되는 것이다.

이런 말을 들은 경우에는 어떻게 대처하는 것이 좋을까?

상사　진행하고 있는 일 이번 달 말까지 매듭지을 수 있도록 상대방과 교섭하고 있는 거지?

부하　지금 열심히 하고 있습니다!

상사　아아, 그래. 그럼 됐어.

이래서는 안 된다. 그대로 내버려두면 점점 초조해져서 마지막에 갑자기 폭발해버릴지도 모를 일이다.

"네, 열심히 하고 있으니 문제없습니다."라고 대답한 것이 아니라는 사실을 눈치 채기 바란다.

상사 진행하고 있는 일, 이번 달 말까지 매듭지을 수 있도록 상대방과 교섭하고 있는 거지?

부하 지금, 열심히 하고 있습니다!

상사 그래, 고마워. 그런데 정말 괜찮아? 일이 복잡해지거나 하지는 않았어?

부하 네? ……무슨 말씀이신지?

상사 응, 그건 그렇게 간단한 문제가 아니라는 생각이 들어서, 자네가 잘 알아서 하겠지만 약간 애를 먹고 있는 게 아닌가 걱정이야.

부하 그게……, 사실은 말씀하신 것 같은 상황이 있어서…….

상사 그래, 자네도 애를 먹고 있군. 상황을 잠깐 들려주게.

이처럼 포기한 듯한 말을 포착했을 때 바로 도움을 주지 않으면 위험한 상황에 빠지게 된다.

부족한 경험에 비해서 책임감이 너무 강하면 혼자서만 문제를 끌어안고 있기 때문에 주위에서 눈치 챘을 때에는 이미 손을 쓸 수 없는 상황이 되는 경우도 있을 것이다.

사고를 미연에 방지하기 위해서라도 이런 말에는 주의를 기울일 필요가 있다.

그런데 이런 말을 하는 사람은 그 독선적인 성격 때문에 자신을 궁지로 내모는 경우가 훨씬 많을 것이다.

상사 진행하고 있는 일, 이번 달 말까지 매듭지을 수 있도록 상대방과 교섭하고 있지?

부하 지금, 열심히 하고 있습니다!

상사 응? 그래……. 열심히 하는 것도 좋지만, 늦지는 않겠느냐고 물은 건데.

부하 그러니까, 지금 하고 있는 중입니다.

상사 그게 아니고! 나는 늦지 않겠느냐고 묻고 있는 건데, 뭐야 그 잘난 척하는 말투는?!

부하 제 나름대로 하고 있으니 중간에서 감 놔라 배 놔라 하지 말아주십시오.

상사 뭐라고? 자네 지금 장난하고 있는 건가? (화를 냄)

위의 경우는 신호를 놓치고 있을 뿐만 아니라 더욱 궁지에 몰아붙이는 형국이 되고 있다.

처음에 부주의한 말을 한 부하의 잘못이라고는 하지만 이래
서는 부하가 자폭하게 될지도 모른다.

자폭해버린다면 커다란 피해를 입게 된다.

부디 이런 식의 '위험한 말투'를 놓치지 않기 바란다.

point 03

| 결과에 자신이 없다 할지라도 초조함은 금물! |

자기 혼자서 문제를 끌어안고 있으면 시간제한에 걸려 해결 불가능하게 된다.
일찌감치 백기를 들고 구원을 요청할 것!

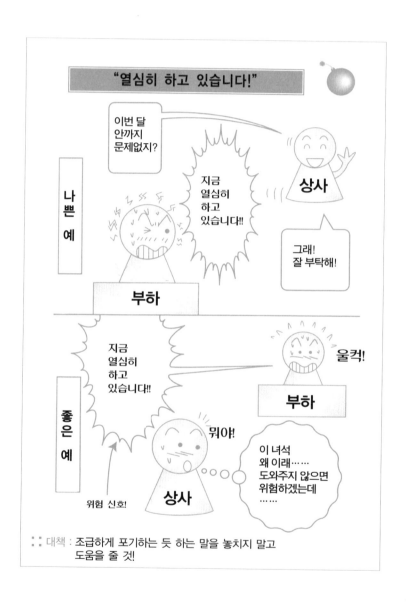

"뭘 모르네."
— 근거도 없이 상대를 판단하지 말 것

이런 말을 다른 사람에게 던지는 사람은 틀림없이 자신은 많은 것들을 안다고 착각하고 있는 사람일 것이다.

무엇보다도 확실한 근거를 제시하지 않은 채 타인이 모른다고 판단해버리기 때문이다.

그것도 탄식을 곁들여서. 참으로 뻔뻔스러운 행동 아닌가?

이런 말을 아무렇지도 않게 중얼거리는 사람이라 할지라도 바로 이건 이렇고 저건 저렇다고 친절하게 설명해 주는 사람이라면 그나마 낫다. 무례한 말이라 할지라도 그 뒤의 말이 적절하다면 웃으며 용서를 해줄 수 있다.

그러나 그 외의 말은 하지 않는 사람도 있다.

뭘 모르네, 라고 중얼거리고 사라져버린다.

나머지는 스스로 그 이유를 잘 생각해서 반성하라고 말하기라도 하는 듯하여 그 말을 들은 사람은 어찌해야 좋을지를 모른다. 왠지 불안한 마음이 든다.

모른다는 것은 무슨 말일까? 어떤 의미일까? 뭐가 뭔지는 모르겠지만 마음에 들지 않는 부분이라도 있었던 것일까? 이상하게 불안한 기분이 든다.

말을 한 사람은 자신이 확실한 답을 가지고 있는 양 자신감에 차 있다.

이 같은 독선적인 사람이 세상에는 참으로 많다.

자신은 물론 정답을 알고 있지만 가르쳐주지 않겠다는 듯한 불손한 태도는 이해력이 부족한 상대에 대한 처벌이라도 된단 말인가?

그런데 이런 말을 하는 사람들은 자신이 자각하지 못하고 있다 할지라도, 상대에게 무엇인가를 깨닫게 하려는 것이 원래의 목적이 아닌 경우가 많다.

상대가 무지함을 부끄럽게 여기고 굴복하여 무릎을 꿇고,

"죄송합니다. 모르겠습니다. 부디 정답을 가르쳐주십시오. 가르쳐줄 사람은 당신밖에 없습니다. 언제나 고맙게 생각하고 있습니다."라고 말하기를 바라고 있는 것일 뿐이다.

바로 그렇기 때문에 처음부터 있지도 않은 대답을 회피하며 거만한 태도를 취하는 것이다.

내 존재를 좀 더 고마워하라고 말하기라도 하듯. 참으로 야비한 근성이다.

무엇보다 상대방이 알아두었으면 하는 일을 분명하고 명확하게 설명할 수 있는 사람이라면 처음부터 이런 말은 하지 않을 것이다.

"뭘 모르는군."이라는 말은 그야말로 자신이 잘 모른다는 증거에 다름 아니다.

무엇을 알고 무엇을 모른다는 말인가?

그 점을 알고 있는 사람은 결코 쓰지 않는 것이 이 말이라고 할 수 있을 것이다.

비슷한 말들이 있다.

"솔직하지 못하군."
"진솔하지 못하군."
"현명하지 못하군."

전부 자기만의 생각에 빠져 비아냥거림을 포함하고 있는, 상대방의 정당성을 인정하지 않는 말이라는 사실을 금방 알 수 있는 것들이다.

무엇이 솔직한 것이고 무엇이 솔직하지 않은 것이란 말인가? 무엇이 진솔하고 무엇이 진솔하지 못하다는 것일까? 무엇이 현명하고 무엇이 현명하지 못하다는 것일까? 전부 알고 있는 척하지만 아무것도 모르고 있다, 어떤 의미가 있는 말 같지만 사람을 불안하게 만들기 위한 책략이 담긴 말이다.

이런 말을 듣는다면 어떤 말로 답하는 것이 가장 적절할까? 물론 바로 격파하고 싶다면 그 자리에서 맞받아치면 된다.

동료A 뭘 모르네.
동료B 뭘 모른다는 거지? 자네야말로 모르잖아.

동료A 솔직하지 못하군.
동료B 뭐가 솔직하지 못하다는 거지? 자네야말로 솔직하지
      못하잖아.

그러나 이래서는 상대방의 자존심에 상처만 입힐 뿐, 이야기는 평행선만을 달리게 된다. 여기서는 우선 상대방의 착각에 동조를 해주면 재미있을 것이다.

동료A 뭘 모르네.
동료B 정말 그래, 뭔지 모르겠어.

동료A 솔직하지 못하네, 사실은 기뻤었지?

동료B 맞아, 사실은 기뻤었어.

상대방은 기다리고 있었다는 듯 만족스럽게 끄덕일 것이다.
그런 다음 "그런데 어떻게 알았어?"라고 질문을 던져보자.
그러면 상대방은 곧 답이 궁해질 것이다. 애초부터 이렇다
할 근거도 없이 적당히 해본 말에 지나지 않으니. 이처럼 농담
삼아 대화를 주고받으면 상대방의 심리를 잘 읽을 수 있기 때
문에 당신도 안심할 수 있을 것이다.

point 04
| 근거도 없이 상대방을 판단하지 말 것! |

> 무엇을 알고 있고 무엇을 모르는가. 이런 내용을 언제나 자문자답하는 사람은
> 절대로 입밖에 내지 않는 말이다.

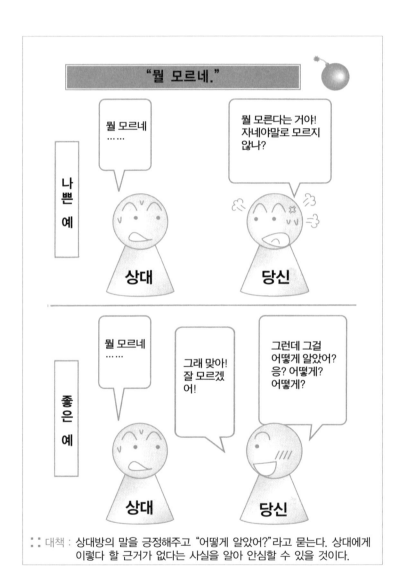

"그 정도는 상관없잖아."

— 상대를 전혀 존중하고 있지 않은 위험한 말

세상에서는 관용적인 사람이 존경을 받는다.

"저 사람은 그릇이 정말 커."

"마음이 넓고 훌륭한 사람이야."

사람들이 이렇게 생각해준다면 얼마나 좋을까 내심 동경하여 일부러 언행을 보란 듯이 연기하는 사람도 있을 정도다.

"그 녀석은 정말 속이 좁아."

"정말 안목이 좁은 녀석이라니까."

누구나 이런 말은 듣고 싶지 않기 때문에 그런 것은 아닐지.

그러나 사람은 살아가는 데 있어서 자신만의 방침, 규칙과 같은 것을 대체로 정해놓는 것이 일반적이다.

"난 누가 부탁해도 돈만은 빌려주지 않겠다는 게 신조야.

빌려주고 난 뒤에 재촉을 해야 할지도 모르고 관계가 서먹해지는 걸 원치 않으니까."

"일주일에 하루, 매주 수요일에만은 술을 마시지 않기로 했어."

"약속 시간에는 언제나 10분 일찍 가기로 하고 있어."

"집에서는 일을 하지 않는 것이 신조야."

"오후 9시 이후에는 음식을 먹지 않고 매일 아침 30분씩 조깅을 하기로 하고 있어."

무엇인가 결심을 하지 않으면 자신도 모르게 흘러가는 대로 하루하루를 보내게 되기 쉬우니 이것은 훌륭한 규범이자 마음가짐이라고 할 수 있다.

그런데 이러한 타인의 규칙을 아무렇지도 않게 짓밟고도 부끄러운 줄 모르는 것이 "그 정도는 상관없잖아."라는 말이다.

때로는 달콤한 유혹의 속삭임으로 사용되고 때로는 자신의 생각을 밀어붙이는 말로도 이용되는 등 여러 가지 장면에서 들을 수 있는 말이다.

남편 미안하지만 주말에는 접대 골프를 가야 하니, 일박 여행은 취소해야겠어.

아내 어머, 잔뜩 기대하고 있었는데. 그럼 그 대신 새 옷을 사주세요, 여행비보다 싼 것으로 살 테니. 네? 그 정도는 상관없죠?

남편 얼마 전에 샀는데…… 또?

아내 약속을 깬 건 당신이잖아요. 그 정도는 상관없잖아요.

동료A 2차 가자고, 내일 쉬는 날이니.

동료B 미안, 밤늦게 택시로 돌아가면 마누라가 화를 내서.

동료A 무슨 소리하는 거야, 자네가 가장이잖아. 그 정도는 상관없잖아.

동료A 음, 뭐……, 그야 그렇지만.

이런 식으로 억지를 부린다. 규칙을 깨라고 설득하기에 아주 좋은 말이다.

'오늘만은', '특별히' 라는 등의 말과 함께 사용되는 경우가 많으며 심리학에서 말하는 '한정효과' 도 뛰어나다.

그런데 앞의 예문에서 본 것 같은 가벼운 상황에서뿐만 아니라 중요한 사업상의 자리에서까지 이런 말을 아무렇지도 않게 하는 사람이 있으니 방심은 금물이다.

당신 저, 계약상으로는 어제 입금을 해주셨어야 했는데 오늘도 아직 확인이 되지 않은 상황입니다. 어떻게 되었는지요?

상대 그게, 앗, 죄송합니다. 지금 입금하도록 하겠습니다.
     지금 바로 준비하도록 하겠습니다. 죄송합니다.

당신 네? 그만큼 자재의 발주에서 도착까지 시간이 걸리니
     약속한 일정에 공사를 시작할 수 없게 됩니다. 우선은
     그렇게 알아두십시오.

상대 네? 그건 좀 곤란합니다. 저희도 모든 준비를 마친 상
     태이기 때문에. 입금은 어제에서 오늘로, 겨우 하루
     늦어졌을 뿐 아닙니까? 그 정도는 상관없잖아요.

당신 그건 어쩔 수 없습니다. 처음부터 그렇게 약속했었고.

상대 너무 까다롭게 그러지 마세요. 그쪽하고 우리하고 하
     루 이틀 일한 것도 아니고. 잠깐 그쪽 윗사람 좀 바꿔
     줘요.

당신 아니, 규칙이니 어쩔 수 없습니다.

상대 말도 안 돼. 당신 누구야? 누군데 감히 그런 말을 하
     는 거야. 그 정도 융통성도 없어서 어떻게 일을 하겠
     어? 응?

이렇게 억지를 부리다 요구가 관철되지 않으면 오히려 화를
낸다.

이런 사람에게 대항할 때 유효한 말은 예문에도 있는 것처
럼 "규칙입니다."라고, 자기 개인의 판단이 아닌 제3자로부터

금지당한 내용을 전면에 내세워 버티는 것이다.

상대방이 이쪽의 정서적인 면을 흔들려고 하니 그것을 차단해버리는 것이다.

그래도 끈질기게 매달리면 당신도 태연하게 "아니되옵니다." 등 우스갯소리를 하며 넘어가도록 하자.

point 05

┌─── "그 정도는……"하며 상대방에게 파고드는 것은 비겁한 태도다. ───┐

타인이 정한 방침은 가능한 한 존중해주는 것이 성숙한 성인의 분별력이다.

CHAPTER **05**

'함정형'

······호감을 주기는커녕 역효과를 낳는 말

"뭐가 그렇게 마음에 안 드는데!"

— 타인의 평가를 틀어막아 불쾌하게 만드는 말

왜? 왜? 왜? 무슨 불만이라도 있어?

응? 있으면 말해봐. 뭐 하자는 거야?

할 말 없지? 그럼 잠자코 있어!

이처럼 상대방의 입을 다물게 할 목적으로 쓰이는 경우가 대부분인 것이 이 말이다. "뭐가 그렇게 마음에 안 들어?"가 아니라 "안 드는데?"라고 끝을 맺기에 '위험한 말버릇'으로 분류되는 것이다.

> 동료A 그러니까 A와 D를 선택하면 금액 면에서도 우선은 납득을 할 수 있을 거라 생각하는데. 어때? 이렇게 하면 되겠지?

동료B 음, 금액 면에서는 괜찮을지도 모르겠지만…….

동료A 뭐야, 뭐가 그렇게 마음에 안 드는데?

동료B 아니…… 그러니까…… 특별히 마음에 들지 않는 건
아니지만…….

틀림없이 이 말을 덧붙이면 상대방의 비판이나 불만을 즉석에서 틀어막는 효과가 있다.

독단적이고 독선적인 사람이 특히 중용하는 이유일 것이다.

내가 선택한 방법에 불만 있어? 있을 리 없겠지?

이렇게까지 일을 시켜놓고 이제 와서 트집을 잡는다면 용서하지 않겠어, 라며 으름장을 놓기에는 아주 좋은 말이다.

또한 어떤 대상물에 대한 자신만의 평가, 예를 들자면 미학이나 가치관이 이미 굳어져서 거기에 이의를 제기하는 것을 극단적으로 싫어하는 오만한 성격을 엿볼 수 있는 말이기도 하다.

이런 사람들은 자신의 세계관에 집착하는 경향이 있기 때문에 여러 사람과 논의를 하는 중에 조금이라도 반대 의견이 나오면 쉽게 화를 낸다는 특징을 가지고 있기도 하다.

아마 부모님이 응석을 받아주고 소중히 여기며 길렀다거나 다른 이유로 반대 의견에 부딪힌 적이 적었던 것이라 상상되는 인물이다.

원래대로 하자면 "어떻습니까? 부족한 점, 문제점은 없었습니까?"라고 물어야 할 것을 "이거면 됐지? 불만 없지?"라며 억지로 굴복하게 하니 상대방에게 좋지 않은 인상을 심어주게 된다.

개중에는 이런 성격을 리더십이라고 착각하는 사람도 있을 것이다.

동료A 오랜만에 동기 3명이 모였는데, 한잔하지 않을래?

동료B 그거, 괜찮은 생각인데. 어디로 갈까?

동료C 역 앞, 새로 생긴 이탈리안 레스토랑이 인기가 좋아. 와인 종류도 많다는 소문이야. 전부터 꼭 가보고 싶었어.

동료A 응? 이탈리안? 난 이탈리안은 별론데…….

동료C 왜, 뭐가 마음에 안 드는데? 세련되고 가격도 괜찮은 좋은 곳인데.

동료B 음. 이탈리안이라고 해서 파스타만 있는 것도 아니고…….

동료A 뭐야, B도 거기가 좋은 거야……. 그럼, 하는 수 없지……. 나도…….

동료C 됐어, 결정이야. 이탈리안은 내게 맡기라고.

이런 타입은 어디서나 볼 수 있다. "뭐가 그렇게 마음에 안 드는데."라는 지옥의 한마디가 우연히 지상에서도 다른 사람을 압도하는 데 공을 세운 것이니 너무 우쭐대지는 말기를.

그렇다면 이런 타입에 대처하기 위해서는 어떻게 하는 것이 좋을까? 대책은 다음 대화의 예처럼, 이와 같은 말 자체를 사전에 봉인하는 것이 최선이다.

동료A 그래서 말이지, A와 D를 조합해서 예산 안에서 정리해보았어. 어때, 이렇게 하면 될 거 같은데.

동료B 음, 괜찮아, 괜찮은데. 정말 대단해. 역시 자네는 달라. 자네가 아니면 이렇게 할 수 없었을 거야.

동료A 응? 왜 이래? 왜 이렇게 칭찬하는 거야? 기분 나쁘게.

동료B 아니야, 나는 잘한 건 잘했다고 높게 평가한다고. 단……, 그 점이 어떨지는 모르겠지만…….

동료A 응? 그 점이 어떨지 모르겠다니 무슨 뜻이야? 뭔가 걸리는 부분이라도 있어?

동료B 응? 아, 아니야. 아무것도 아니야 신경 쓸 거 없어. 사소한 일이야.

동료A 뭔데? 말해봐, 사소한 일이라니, 분명하게 말해봐…….

동료B 아니, 됐어. 자네가 자신을 가지고 추진하고 있으니
그걸로 충분해. 신경 쓸 거 없어.

동료A 그러면 더 신경 쓰이잖아……. 부탁이야, 좀 가르쳐
줘…….

상대방이 자신만만하게 동의를 구해 온다면 바로 동조해서 한껏 추켜올려주자. 그렇게 하면 듣기 싫은 말 자체를 회피할 수 있게 된다.

그리고 살짝 걱정스럽다는 듯한 말을 삽입한 뒤 바로 그것을 부정하는 것이다.

그렇게 하면 상대방은 갑자기 불안에 빠지게 된다는 심리트릭을 이용하는 것이다.

point 01
┌─────────────── | 타인의 평가를 틀어막는 말은 금물이다! | ───────────┐

리더십을 발휘하고 있는 것이라 생각한다면 커다란 착각! 간단한 심리트릭에 발목을 잡히게 된다!

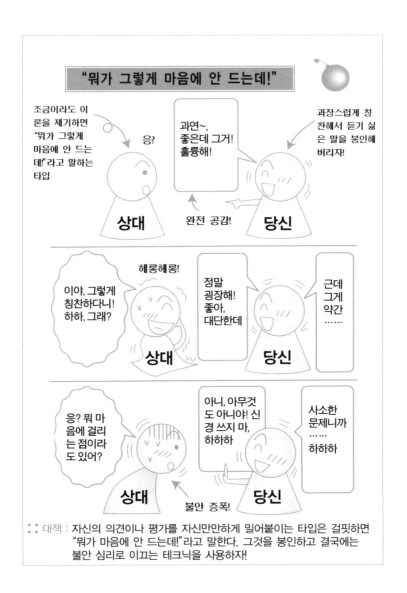

"네가 틀렸어."
— 구체적인 예를 제시하지 않고 결론 내려서는 안 된다

　논의의 과정에서 의견의 차이점을 분명히 하기 위해서 "하지만 그 점은 다르지 않을까."라고 이의를 제기하는 것과는 다르다. 상대방의 생각, 행동, 심지어는 전인격에 미칠지도 모르는 모든 분야를 하나하나 부정해 나가는, 그런 의미에서 이것은 강력한 임팩트를 주는 말이 된다. 왜냐하면 이 말은 구체적인 사실을 가리키고 있는 듯하지만 실은 그렇지 않기 때문에 어떤 식으로든 쓸 수 있으며, 얼마든지 이야기를 얼버무릴 수 있는 편리한 말이기 때문이다.

　동료A　얼마 전에 거래처인 Q사가 납기일을 하루 당겨줄 수
　　　　없느냐고 해서 일단 공장 쪽과 얘기를 해봤는데 규정

대로 할 수밖에 없다며 고집을 부리더라고. 정말, 우리 공장 사람들은 어떻게 장사해야 하는지를 모른다니까.

동료B 네가 틀렸어.

동료A 응?

동료B 네가 틀린 거라니까.

동료A 응? 뭐, 뭐야. 내가 뭘……

동료B 납기일을 당기겠다고 쉽게 수락했기 때문이야.

동료A 쉬, 쉽게 수락한 게 아니야. 물어보기에 나는 공장 쪽과 얘기를 해본 것뿐이지, 그렇게 하겠다고 약속한 건 아니야…….

동료B 하지만 거래처에서는 가능하다고 생각하고 기대하고 있었잖아?

동료A 그런 기대 품지 않도록 하기 위해서 힘들 거라고 미리 말해뒀어. 그래도 혹시 가능하다면 거래처에서도 좋아하지 않을까 싶어서 움직였던 것뿐이야.

동료B 그래서 네가 틀렸다는 거야.

동료A 뭐, 뭐야. 장사를 하는 거니, 융통성 있게 대처하는 편이 좋잖아.

동료B 우리 공장이 융통성이 있는 곳인지 아닌지 생각해보면 알 수 있잖아.

동료A 그렇게 생각하면 진보는 있을 수 없잖아. 서비스 면에서 타사에게 뒤지잖아.

동료B 그러니까, 그게 틀렸다는 거야.

동료A 뭐? 하지만 실제 세상이 그렇잖아. 자본주의니까.

동료B 자본주의에 대해서 이야기하자는 게 아니야. 그러니까 네가 틀린 거야.

동료A 그럼 우리 회사는 경쟁에서 뒤쳐지고 만다고.

동료B 그러니까 네가 틀린 거야. 그리고 네가 왜 거기까지 생각할 필요가 있는데? 네가 사장이야?

동료A 그런 건 아니지만, 역시 장사를 하고 있는 이상…….

동료B 아직도 모르겠어? 내가 왜 네가 틀렸다고 말하는지 그 의미를…….

이렇게 '네가 틀렸어.'를 거침없이 말해서 상대방을 불안하게 만들고 상대방이 대답한 말을 사용해서 다시 '네가 틀렸어.'를 되풀이한다. 다시 말해서 가위바위보를 할 때 상대편보다 늦게 내는 것과 다를 바 없으니 참으로 편리하게 상대방을 속일 수 있는 말인 것이다.

포인트는 '너, ○×에 대한 생각이 잘못됐어.'라고 구체적인 사실을 나타내는 말은 전혀 사용하지 않고 처음부터 회피한다는 데 있다.

아내 여보. 이거 어제 슈퍼에서 특별 세일을 한다기에 사왔는데 가만히 보니 유통기한은 오늘까지고, 왠지 속은 듯한 느낌이 들어요.

남편 당신이 잘못 생각한 거야.

아내 뭐, 뭐가요. 뭘 잘못 생각했다는 거예요?

남편 유통기한을 확인했어야지.

아내 여태까지 특별 세일을 해도 그런 적은 없었어요, 그 슈퍼는.

남편 그러니까 당신이 잘못 생각한 거야. 슈퍼를 믿다니.

아내 그럼, 뭘 믿으면 좋단 말이죠?

남편 믿는다고, 무슨 소리야? 그러니까 당신이 틀렸다는 거야.

아내 어쨌든 물건을 살 때는 역시 가게의 신용이나 평판을 마음에 두잖아요.

남편 그러니까 당신이 틀렸다는 거야. 특별 세일이잖아. 그러니까 특별 세일을 하는 이유를 먼저 생각했어야지.

아내 하지만 지금까지 이런 일은 없었어요.

남편 그러니까 당신이 잘못 생각한 거라니까. 정말 말이 안 통하는군.

'틀렸다.' 라는 단정적인 말에 결코 동요해서는 안 된다. 과잉반응을 보이기 때문에 이런 결과를 맞게 되는 것이다.

이렇게 제자리만을 맴도는 대화를 끊는 법은 간단하다.

상대방이 '네가 틀렸어.'라고 말하면 바로 '나는 틀리지 않았어, 네가 틀렸어.'라고만 말하는 것이다. 그러면 이번에는 상대방이 틀린 이유를 먼저 말하지 않을 수 없게 된다. 공수의 순서가 바뀌고, "나는 틀리지 않았어, 네가 틀렸어."라는 말에 상대방이 과잉반응을 보이게 되는 것이다.

이것으로 당신도 불쾌한 기분에서 해방될 터, 재미있으니 꼭 시험해 보시기 바란다.

point 02
• **구체적인 이유를 제시하지 않은 채 상대방을 혼란스럽게 하지 말 것!**

상대를 동요시키고 농락하여 우쭐함을 맛보는, 그런 쳇바퀴 돌듯 하는 대화를 계속하면 언젠가는 역습을 받게 될지도 모른다!

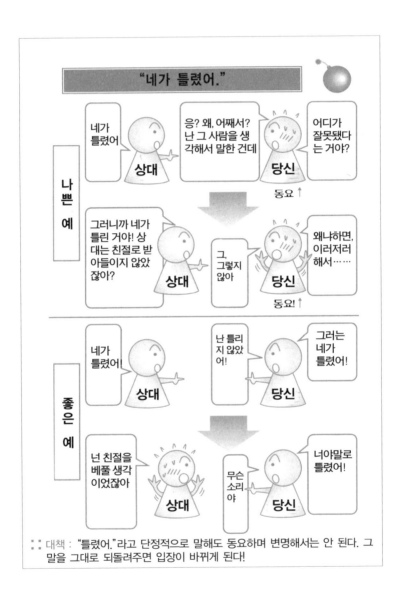

"그런 놈을 상대하니까 그렇지."
— 이런 말을 하는 사람에게는 본심을 말하지 말 것!

동료A 과장님도 정말 너무하셔. 지난번 회의에서 임원진들이 이 기획에 대해서 대체 누가 이런 멍청한 기획을 생각한 거냐고 물었더니 놀랍게도 전부 내 탓으로 돌렸더라고.

동료B 하하하, 그런 놈을 상대하니까 그렇지.

동료A 직속상사인데 어떻게 상대하지 않을 수 있겠어.

동료B 그렇지만도 않아. 상대하는 방법에 따라서 달라질 수도 있다니까.

동료A 그런가…….

동료B 그렇다니까.

뭔가 좋지 않은 일이 생겨서 당사자로부터 불평이나 불만을 들으면 그 원인을 누구 한 사람 탓으로 돌려 얘기를 끝내버리는 사람들이 있다.

불평을 하거나 불만을 털어놓는 당사자를 탓하는 것이 아니니 언뜻 아군이자 우호적인 대화가 성립되는 것처럼 보이기도 한다.

말을 듣는 사람도 분위기에 휩쓸려 그럴지도 모른다는 생각이 들기도 한다.

인물뿐만이 아니다. 악역을 맡게 되는 것은 그 주변에 있는 사물이라면 무엇이든 상관없으며 조직이나 단체여도 상관이 없다.

동료A P사에서의 프레젠테이션, 실패했어.

동료B 그런 프로젝터를 쓴 것이 좋지 않았던 거야. 다음부터는 나처럼 플립보드를 쓰면 괜찮을 거야.

동료A Q사에서 또 트집을 잡고 있어. 정말 지긋지긋해.

동료B Q사에는 꼴통들만 모여 있다니까. 진지하게 상대하지 말고 그런 녀석들은 적당히 상대하면 돼.

무슨 일이든 모든 악의 근원은 다른 데 있다고 말하고 적당히 이야기를 마무리 짓는다. 실제로 협조적인 태도이기 때문에 불평을 하는 사람도 마음이 편해진다.

그러나 이런 사람들은 입으로 하는 말과 마음속으로 생각하는 내용이 전혀 다른 경우가 많다. 이런 사람 앞에서 방심하여 언제까지고 불평을 하거나 불만을 토로하기만 하면 머지않아 후회하게 된다.

상사 A군은 왜 Q사와 사이가 좋지 않은 거야?

동료B Q사의 입장을 이해하지 못하고 있습니다. 클레임이 들어올 때마다 Q사의 사원들은 바보들뿐이라고 얕잡아보고 있습니다.

이렇게 되는 것이다. 아군이라고 생각했던 동료는 얘기에서 쏙 빠져버리고 만다.

다시 말해서 동료를 팔아 자신이 상사에게 잘 보이려 하는 것이다.

원래 이런 사람들은 누구에게나 냉정한 법이다.

이야기하는 상대에 대해서는 흥미도 없고 관심도 없다. 그것은 상대가 동료든 애인이든 마찬가지다.

상대방의 입장에 서서 생각해주는 따뜻한 인간적 애정이 없기 때문에 좋지 않은 일은 전부 다른 사람 탓으로 돌리고도 아무릇지도 않은 것이다.

다시 말해서 사실은 자기 자신의 기본적 자세가 그대로 타인과의 대화 속에도 투영되어 배어나온 것일 뿐이다.

그렇기 때문에 대화하는 상대를 탓하거나 반성을 촉구하는 일도 없는 대신 자기 자신을 탓하거나 반성하는 일도 없는 사람이라고 생각하는 편이 좋을 것이다.

절대로 착각을 해서는 안 된다.

이러한 사람에 대한 대책은 물론 마음을 주지 않는 것이다. 안심하고 불평이나 불만을 털어놓지 않도록 하는 것이 중요하다. 그리고 그 사람이 어려움에 처했을 때 당신이 먼저 다가가 그 사람의 말을 시험해보면 재미있을 것이다.

당신 스즈키. 그 일 참 아깝게 됐어. 스즈키가 맡았으니 잘
      될 거라 생각했었는데…….
상대 아아, 그 일. 뭐, 어쩔 수 없지…….
당신 그건 자네 탓이 아니야. Q사 쪽에 여러 가지 문제가
      있었으니……, 그런 회사를 상대로 했기 때문이야.
상대 그래……, 알아주는 건 자네밖에 없군. 누구도 그 점
      을 모르고 있나본데 나도 그렇게 생각해.

이처럼 자기중심적이고 반성을 하지 않는 사람이라는 사실

을 잘 알 수 있다.

어쨌든 이런 사람은 애초부터 상대를 하지 않는 편이 좋다. 자신에게 약하고 타인에게 엄한 사람은 흔히 볼 수 있지만, 이처럼 언뜻 보기에는 타인에게도 다정한 것 같지만 단순히 무관심한 것일 뿐인, 오히려 냉담하고 교활한 사람들이 존재하니 주의하기 바란다.

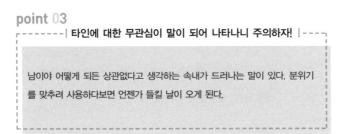

point 03
| 타인에 대한 무관심이 말이 되어 나타나니 주의하자! |

남이야 어떻게 되든 상관없다고 생각하는 속내가 드러나는 말이 있다. 분위기를 맞추려 사용하다보면 언젠가 들킬 날이 오게 된다.

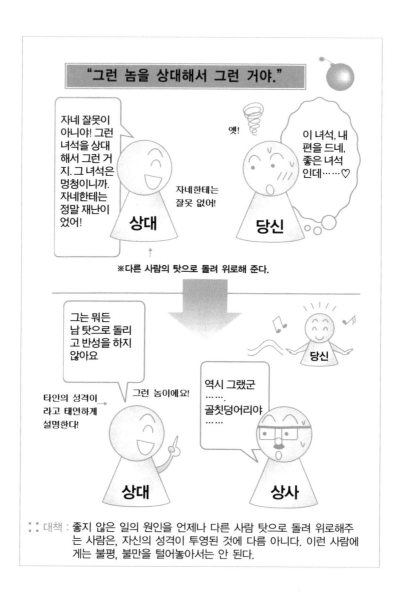

대책 : 좋지 않은 일의 원인을 언제나 다른 사람 탓으로 돌려 위로해주
는 사람은, 자신의 성격이 투영된 것에 다름 아니다. 이런 사람에
게는 불평, 불만을 털어놓아서는 안 된다.

"네가 뿌린 씨앗이잖아."

— 상대방에게 책임을 전가하는 비겁한 말

앞 장에서 설명한, 무슨 일이든 다른 사람의 탓으로 돌려 위로해주는 사람의 반대가 되는 말이라고 생각하면 이해하기 쉬울 것이다.

이런 말을 하는 것은 "그런 녀석을 상대했기 때문이야."라고 원인을 다른 곳으로 돌려서 언뜻 보기에 위로해주는 것처럼 말하는 사람과는 분명히 다르다. 무슨 일에나 "네가 나쁘다."며 대화 상대에게서 모든 원인을 찾고, 떠넘기기를 그치지 않는 사람들이다.

이 역시 대처하기 어려운 말이다.

잘 생각해봐. 그렇지, 거봐. 원인은 너한테 있었던 거야.

너도 참, 건망증이 심하네. 근본 원인은 네 마음속에 있었던 거야.

남 탓할 거 없어. 일의 원인과 결과는 분명하니.

이런 사람은 상대에게 모든 원인을 떠넘길 때 견강부회(牽强
附會: 이치에 맞지 않는 말을 억지로 끌어 붙여 자기의 주장에 맞게함)에
빠지기도 쉽다.

A양　D양도 참, 미팅을 하고 싶으니 꼭 좀 불러달라고 해
　　서 내가 일부러 자리를 마련한 거라고. 그런데 갑자
　　기 못 나오겠다니, 너무하지 않아?

B양　하지만 그건 말이지, 네가 미팅을 너무 좋아하니까
　　너를 기쁘게 해주려고 말한 걸지도 몰라. 사실은 처
　　음부터 할 마음이 없었던 거야. 결국 네 스스로가 뿌
　　린 씨앗 아니야?

동료A　부장이 자꾸 독촉하기에 야근까지 해서 만든 자료를
　　가지고 갔더니 이젠 필요 없대. 정말 열 받아!

동료B　그건 자네가 평소 너무 여유를 부리는 것처럼 보이기
　　에 독촉한 거야. 언제나 척척 해치우면 그런 일도 벌
　　어지지 않았을 거라 생각해. 결국 자기가 뿌린 씨앗
　　이라는 점을 깨닫는 편이 낫지 않을까?

이런 식으로 당하게 되면 기분은 더욱 잠겨들고 만다.

실패의 원인은 전부 자신 속에 있다.

언뜻 그럴듯하게 들리고 인과응보를 주장하고 있는 듯하지만 이런 말을 하는 사람 중에는 역시 기회주의자가 많다는 사실을 알아두기 바란다.

실패의 원인이 다른 곳에 미치는 것을 아주 두려워하고 있다는 심리가 바로 그것이다.

당사자의 반성을 촉구하고 있는 것처럼 보이지만 특별히 당사자를 생각해서 하는 말도 아니다.

너에게 책임이 있다는 사실을 깨달아라, 다른 데서 원인을 찾아 비난하는 것은 어리석은 짓이다, 라고 주장하는 배경에는 돌고 돌아서 자신에게도 피해가 미치는 것을 회피하기 위한 자세가 있다고 말해도 좋을 것이다.

예를 들어서 함께 누군가를 비판한 일이 후에 발각되어 자신을 위험에 빠지게 할지도 모른다는 소심한 생각이 거기에는 있는 것이다.

다시 말해서 자신이 너무 소중하기 때문에 그런 말로 사람에게 도리를 설명한 뒤, 만족스러운 표정을 짓는 것이다.

다툼을 싫어하고 소란을 일으키지 않는 평화주의자의 가면을 쓰고 있는 것처럼 보이지만 사실은 무책임한 무사안일주의자에 다름 아니다.

동료A 너니까 하는 말인데 우리 과장 어딘가 이상하다니까. Q사에만 발주를 하잖아. 견적도 P사 쪽이 훨씬 더 싼데 요전에도 Q사에 발주했어. 휴일에는 Q사 사람들과 골프도 자주 친다는 소문이야. Q사로부터 뒷돈을 받고 있는 게 아닐까, 난 의심스러워……

동료B 그래? 그, 그럴 리가……. 그거 네 착각 아니야? 거기에 무슨 증거가 있는 것도 아니고…….

동료A 아니야, A양이 들었나봐. 과장이 휴대전화로 Q사 사람과 뒷돈을 얼마나 줄 수 있냐고 거래하는 내용을…….

동료B A양? 그런 애가 하는 말 믿을 수 없어. 너, 만약 그런 말이 과장의 귀에라도 들어가 봐, 된통 당하게 될 거야. A양의 착각이었다고 해서 끝날 일이 아니야. 소문을 퍼뜨린 책임이 자네에게까지 미칠 수도 있어. 그렇게 된다 해도 그건 전부 자네가 뿌린 씨앗이야. 자네생각해서 하는 말이야. A양한테도 그런 일 절대 있을리 없으니 쓸데없는 소리하지 말라고 못을 박아두는게 좋을 거야.

동료가 기껏 신용할 수 있는 사람이라고 생각해서 속내를 털어놓았는데 오히려 그런 말을 들은 것 자체가 피해라는 듯

당황을 한다.

　이런 사람들에게는 역시 본심을 말하지 않는 것이 최선일 것이다.

　상대방이 이런 말을 한다면 어떻게 대처하는 것이 좋을까?

　"그렇게 나올 줄 알았어. 언제나 그렇게 말하니까."

　이런 식으로 받아넘기자. 이런 말을 들으면 바로 자신의 말에 자신감을 잃게 되는 것이 일반적이다. 가볍게 여겨지고 있으며 약점을 들켰다는 생각이 들어 당황하게 되는 법이다. 당신의 가슴도 뻥 뚫려 속이 후련해질 것이다.

point 04
| 상대방에게만 책임을 전가하는 것은 비겁한 태도! |

타인과의 대화에서는 상대를 배려하는 것이 중요! 전부 상대방의 탓으로 돌리면 머지않아 사람들이 접근하지 않게 된다.

"인간이란 원래 그런 거야."

— 아는 척하는 태도는 오히려 역효과

누군가에게 배신을 당해 침울해져 있는 사람을 보면 이런 말로 상대를 비판하여 위로를 해주려는 사람을 흔히 볼 수 있다. 그래, 그런 인간이었던 거야. 그런 녀석을 믿었던 내가 바보지.

당사자가 납득을 한다면 그것으로 상관은 없다.

그러나 묘하게 달관한 듯한 그 차가운 표현에 어떤 이유에서인지 강하게 반발하고 싶어졌던 기억은 없는지?

그건 나도 알고 있어. 하지만 이번 경우는 그런 게 아니야.

모든 걸 알고 있다는 표정으로 쓸데없는 소리 하지 마.

자세한 경위도 모르면서 잘난 척 무슨 소리 하는 거야?

아는 척하는 말투 때문에 때와 장소에 따라서는 듣는 사람을 화나게 만드는 것이다.

마음속 깊은 상처를 소금으로 문지르는 것 같은 효과밖에 주지 못한다.

그 이유는 우울해져 있는 사람과 입장이 전혀 달라 위로가 되지 않기 때문이다. 너는 어차피 강 건너 불구경하듯 하고 있는 것 아니냐는 눈총을 받는 만큼 손해다.

자신도 모르게 분위기에 휩쓸려 "네 마음은 나도 잘 알아."라고 말했다가 "네가 뭘 안다는 거야."라며 역습을 받는 것과 같은 것이다.

괴로울 때, 힘들 때 사람은 그 고민을 누군가에게 이야기함으로 해서 마음이 매우 편해지는 법이다.

그래, 그건 좀 너무했는데 그런 말을 들었단 말이지? 믿을 수 없을 만큼 심했는데. 화가 나는 것도 당연한 일이야. 그리고 슬픈 일이야, 그런 인간이 있다니.

이처럼 함께 공감해주길 바라는 것뿐이지 멋대로 남의 이야기를 요약해서 "응, 응. 나도 알아."라거나 "인간이란 원래 그런 거야."라고 한마디로 뭉뚱그려버리기를 원하지는 않는 것이다.

따라서 이런 말을 빈번하게 사용하며 무슨 일이든 결론 내리려 하는 사람에게는 주의를 할 필요가 있다.

남의 고민거리를 들을 때에는 처음부터 이런 말은 금물이라고 마음속에 새겨두는 것이 오히려 좋을 것이다.

그렇다면 당사자와는 연관이 없는, 제3자의 평판이나 소문인 경우에는 어떨까?

> 동료A 그 시장도 3년 전에 당선되었을 때는 청렴함이 간판이었는데 부정을 저질러 체포될 줄이야, 믿을 수 없어.
>
> 동료B 인간이란 원래 그런 거야.

> 아내 옆집 부인, 어린 아이들이 둘이나 있는데 아르바이트 하는 데서 불륜을 저질러서 이혼의 원인이 됐대요. 놀랐어요.
>
> 남편 인간이란 원래 그런 거야.

이런 예에서도 차가운 느낌이 드는 것은 마찬가지다.

그 일과 관련된 사람에게 말을 할 때보다 더 냉정한, 체념한 듯한 분위기까지 감돈다.

'네? 인간이란 원래 그렇다고요? 그럼 당신도 그런가요?'

자신도 모르게 이렇게 되묻고 싶어질 만큼 말한 사람의 품성까지 의심하게 만드는 말 아닌가? 어쨌든 이런 말을 한 사람의 지위 향상은 도저히 바랄 수 없는 말이다.

그런데 세상사 훤히 꿰뚫고 있다는 듯한 태도로 이런 말을 되풀이하는 사람들도 많다.

아마 자신을 좀 더 크게 보이고 싶은 것이리라. 세상사를 꿰뚫고 있는 듯한, 깨달음을 얻은 듯한 말을 장황하게 늘어놓음으로 해서 웬만한 일에는 동요하지 않는 뱃심 좋은 사람을 연출하고 싶은 것이리라.

비슷한 말들이 있다.

"그런 운명이었던 걸지도 몰라."

"그 정도의 인간이었던 거야."

"기대를 거니까 그렇지, 근거 없는 희망은 배신당하기 마련이야."

처음부터 어느 정도 예상하고 있었던 일이었다는 듯, 달관한 견해를 이야기함으로 해서 자신의 식견, 사고방식의 올바름을 자랑하고 있는 것이라고도 볼 수 있을 것이다.

이런 사람들에게는 어떻게 대처를 하면 좋을까?

동료A Q사의 담당자에게 배신당하고 말았어. 내게는 일부러 정보를 주지 않아서 Q사의 임원회에서 프레젠테이션을 할 때 완전 헛다리를 짚었어. 제길, 나한테 무슨 원한이라도 있는 걸까? 그 녀석!

동료B 인간이란 원래 그런 거야. 믿은 자네가 잘못이지.

동료A 뭐? 인간이란 원래 그런 거라고……? 어떤 건데?

동료B 응? 그러니까 말이지, 뭐냐, 뭐냐……, 그, 배신의 동물이라고 해야 할지…….

동료A 응? 배신의 동물? 뭘 안다고 그런 소리야?

세상사를 꿰뚫고 있다는 듯한 얼굴로 잘난 척 이야기하는 사람에게는 "어떤 건데?"라고 되묻는 것이 좋다. 틀림없이 말문이 막혀 당황할 것이다.

어떤 대답을 한다 할지라도 뒤이은 질문에 더욱 당황하게 될 것이다.

이렇게 한 번 반격을 가해두면 당신 앞에서는 두 번 다시 아는 척하는 듯한 말은 쓰지 않게 될 것이다.

point 05 • 세상사 꿰뚫고 있다는 듯한 얼굴로 이야기를 장황하게 늘어놓는 것은 금물이다!

달관한 듯한 말의 의미를 그 자리에서 되물어오면 제대로 대답하지 못해 창피를 당하게 될지도 모른다.

CHAPTER 06

'바람잡이 · 설득형'

내려다보는 듯한 말에 주의할 것

"우린 친구잖아."
— 애정을 강조하는 말을 자주 써서는 안 된다

우리나라에도 유교 정신은 아직 남아 있다. 다음의 오륜 등이 그 대표적인 예일 것이다.

부자유친 — (효행)

군신유의 — (충성)

부부유별 — (남녀 간의 역할)

장유유서 — (상하의 질서)

붕우유신 — (신의)

이와 같은 다섯 가지 도리를 지킴으로 해서 사회질서가 유지되고 인간관계가 원만하게 유지 된다는 뜻이다. 20세기 중반에 발표된 교육강령에도 이와 비슷한 내용들이 있으니 우리나라 사람이라면 이러한 도덕률이 자연스럽게 몸에 배어 있을 것이다.

이러한 풍토는 위정자에게 편리할 뿐만 아니라 연장자나 나이 많은 사람에게도 편안한 것이다. 세상 사람들 모두가 착해서 악인이 있을 리 없다.

그러나 모든 사람들이 이처럼 착한 사람으로 있어준다면 낙오자나 무뢰한에게도 편리한 세상이 된다.

"너희 부모님이 슬퍼하실 거야."

"사장님 명령이니 해."

"아내이니 그 정도는 참아."

"동생은 형 말을 잘 들어야 해!"

"친구잖아. 그 정도는 빌려줘야지."

이런 식으로 응용을 할 수가 있다. 특히 "우린 친구잖아.", "너랑 나랑은 친구잖아.", "우리 우정은 변하지 않을 거야." 등처럼 붕우유신과 관계있는 말은 여러 가지 장면에서 활용을 할 수가 있다.

비슷한 말로는,

"모르는 사이도 아니고."

"이웃사촌 아닙니까."

"소매만 스쳐도 인연입니다."

등이 있다. 이런 말로 점점 '친구'의 영역으로 접근해오는 경우도 있다.

이렇게 해서 사람은 보이지 않는 속박에 얽매이게 되는 것이다.

그렇다면 친구란 대체 무엇일까?

사전에 의하면 '서로 마음을 터놓고 대등하게 사귀는 사람. 서로 놀기도 하고 장난을 치기도 하는 친한 사람. 붕우.' 라고 되어 있다.

여기서 말하는 '서로 마음을 터놓고 대등하게 사귀는 사람'이 '절친한 친구' 의 범위에 드는 사람일 것이다.

그런데 젊은이들의 인생 상담을 하다보면 터무니없는 환상에 사로잡힌 사람들이 의외로 많다는 사실에 깜짝 놀라지 않을 수 없다.

"원래 친구라 부를 수 있는 사람이 적은 저는 절친한 친구를 도저히 만들 수 없는 걸까요?"

진심으로 이렇게 묻는 사람도 있다.

이 질문을 보고 바로 '이 녀석 바보 아니야?' 라고 생각한 사람이라면 아무 걱정할 필요 없다.

그러나 나도 마찬가지다 어떻게 하면 좋을까 하며 불안한 감정을 느낀 사람은 주의를 하는 것이 좋다.

그런 사람들은 '우린 친구잖아.' 라는 공격을 받으면 한시도 버티지 못하기 때문이다. 참된 친구가 아니기 때문에 '친구'를 강조하여 자기 뜻대로 움직이려 한다는 사실을 바로 간파

하지 못한다면 우습지 않겠는가?

인생의 험난한 길을 가는 무리에게 있어서 그런 사람은 참으로 다루기 쉬운 존재다.

"너 친구 없지?"

갑자기 이런 말을 들었다고 해서 동요할 정도가 돼서는 안 된다.

"맞아, 친구는 한 명도 없어."라고 가슴을 펴고 당당하게 말할 정도의 배짱과 지혜를 갖기 바란다.

앞서 말한 것처럼 이런 말을 하는 사람이야말로 친구가 아니라는 명백한 증거이니 진심을 가지고 상대해서는 안 된다.

이런 사람들에 대한 대책은, 다음과 같이 피해가는 것이 좋을 것이다.

상대 제발, 부탁이야. 우린 친구잖아. 어떻게든 좀 도와줘.
당신 으응?! 너 친구였냐?! 이야, 놀랐는데. 하지만 친구가 친구를 난처하게 만드는 그런 부탁을 해도 되는 건가? 어떻게 생각해?

자신에게 필요할 때만 '친구'를 강조하는 뻔뻔스러운 사람들에게는 이 정도로 강하게 되물을 필요가 있다.

우정이네, 부모와 자식의 정이네, 부부애네, 형제애네 하며

'애정의 미'를 새삼스럽게 강조하는 말이 나온다면 부디 정신을 똑바로 차리고 듣기 바란다.

당신의 논리적인 사고력이 혼란스러워지지 않도록 주의하기 바란다.

point 01
| 애정을 강조하는 말로 사람을 현혹시켜서는 안 된다! |

입에 발린 소리로 상대방을 현혹하려 해도 상대가 논리적인 사람이라면 가볍게 들어 넘길 뿐이다.

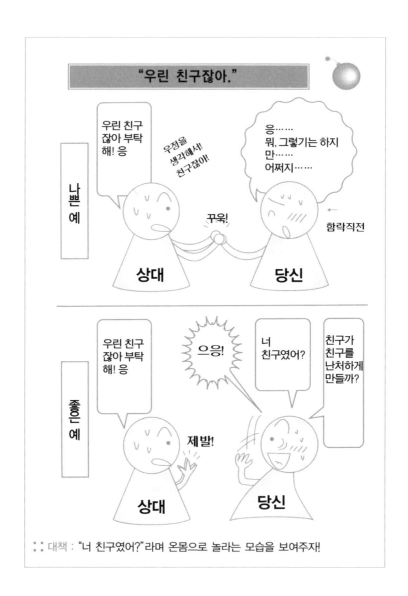

180 III

"피해망상이야."
— 타인의 고민에는 진지하게 대응하자

어떤 난처한 상황에 빠져서 어려움을 호소하는 사람을 귀찮다는 듯 이런 말로 단칼에 내친 적은 없는지?

네가 하는 말은 올바른 인식에 바탕을 둔 것이 아니다.

다시 말해서 망상이니 그런 말 하지 말아라, 잊어라.

이렇게 말하고 싶은 것이리라.

아내　옆집 부인에게 또 듣기 싫은 소리를 들었어요. 아침에 쓰레기를 버릴 때 '댁은 식구도 적으면서 음식물 쓰레기 양이 많네요.' 라고요. 대체 무슨 소리를 하고 싶은 걸까요? 일일이, 듣기 싫어 죽겠어요.

남편　당신의 피해망상이야.

이런 말도 이런 정도의 대화에서 가끔 나오는 것은 크게 문제되지 않을 것이다. 실제로 옆집 부인은 그저 본 대로 이야기한 것일 뿐 다른 뜻은 없었을지도 모르며, 이런 사람들은 듣기 싫은 말을 한다는 자각이 없는 무신경한 아줌마에 지나지 않을 가능성도 높기 때문이다.

그러나 무슨 일이든 이런 말로 결론을 내리는 것이 습관이 되어 버리면 위험한 사태를 초래하게 될지도 모른다.

아내 우리 아이의 담임, 아무래도 우리 아이에게만 호되게 주의를 주고 있는 모양이에요.

남편 당신의 피해망상이야.

아내 아니에요. 다른 아이들은 짓궂게 장난을 쳐도 그냥 평범하게 주의를 주지만 우리 아이에게는 아주 무섭게 야단치나 봐요.

남편 그건 우리 아이의 피해망상이야.

아내 하지만 선생님이 무서워서 학교에 가기 싫다고 제게 매달리며 울었어요. 걱정하지 않을 수 없잖아요.

남편 그러니까 그게 피해망상이라는 거야.

아내 그럼 그냥 내버려두라고요?

남편 그래. 그 정도 일로 시끄럽게 떠들 필요 없어.

번거로운 일, 귀찮은 일에 관계하고 싶지 않다는 자세가 그대로 드러난다.

아이의 과잉반응, 아내의 과잉반응이라고 단정 짓고 있기 때문에 사실을 자세히 살펴서 진상을 규명하려는 태도와는 거리가 멀다.

결국 도움을 청하는 사람에게 손을 내밀지 않는 것이니 무관심주의자라고 해도 좋을 것이다. 혼자 알아서 하라는 것이 대답이니.

이런 말을 들은 사람은 고민에 빠지게 된다.

'그런가? 지나친 생각, 피해망상일까? 하지만 그렇지만도 않다는 생각이 들기도 하는데……'

차라리 의심을 품고 있는 사람에게 직접 물어볼까도 싶지만, 오히려 마음을 상하게 할지도 모른다는 생각이 앞서기도 할 것이다.

그렇다면 될 대로 되라고 그냥 내버려두고 잊어버리는 방법밖에 없을 테지만 그렇게 할 수만 있다면 고민도 생기지 않고 스트레스도 쌓이지 않을 것이다.

결국 더욱 궁지에 몰리게 될 뿐이다.

이런 말을 하는 사람은 "조금 더 상황을 지켜보자."는 식의 한마디를 덧붙이는 다정함을 지니는 편이 좋을 것이다.

그렇게 하면 듣는 사람도 관심을 가져주었다고 생각하여 안

심하게 된다.

무신경하게 버려지는 것에 비하자면 앞날에 대한 전망도 조금은 생긴 것 같다는 생각이 들 것이다.

그렇다면 이런 말을 함부로 해대는 사람에게는 어떻게 대처하면 좋을까?

> 아내　우리 아이의 담임, 아무래도 우리 아이에게만 호되게 주의를 주고 있는 모양이에요.
>
> 남편　그건 당신의 피해망상이야.
>
> 아내　아, 그래요? 관심 없나 보군요. 알았어요, 얘기하고 싶지 않다는 거죠. 그럼 됐어요, 저 혼자서 대처하도록 할 테니. 뜻밖의 사태가 벌어져서 제가 포기를 해도 어쩔 수 없는 일이죠. 알았어요.
>
> 남편　응? 아니, 들을 게, 들을 게. 그래 어떻게 된 일인데?

이런 식으로 몰아붙여서 협박을 하자. 필연적으로 이야기를 듣지 않을 수 없게 만들면 된다.

피해망상이라고 단칼에 내친 태도에 쑥스러운 생각이 들기도 할 것이다.

이렇게 해서 그런 말을 두 번 다시 못하게 한다면 성공이라고 할 수 있다.

이처럼 듣지 않으면 큰일이 벌어질지도 모른다고 생각하게 만들어 상대방의 말을 듣는 것이 얼마나 중요한 일인지를 쉽게 이해하도록 할 수도 있다.

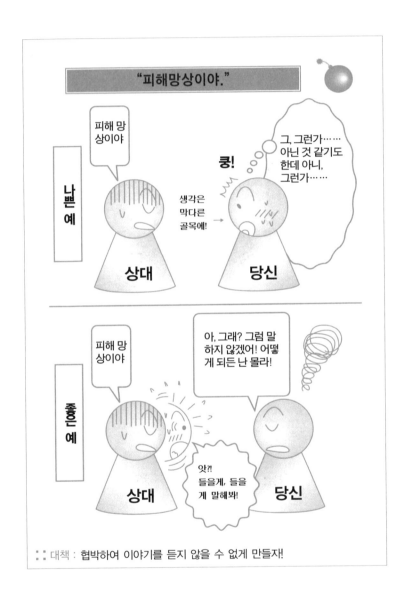

"사랑의 채찍이라 생각하고 들어."

— 변태들이나 쓰는 말은 상대방을 불쾌하게 만든다

이런 말을 한 적이 있는 사람은 얼마나 될까?

솔직히 말하자면 나도 젊었을 때 이런 말을 실제로 쓴 적이 있었다.

그리고 뜻밖에도 이런 말을 한 적이 있는 사람도 꽤나 많다.

정말, 놀랍다. 상대방에게는 소름끼치는 말이기 때문이다.

A   사랑의 채찍이라 생각하고 들어줘. 아무리 돈을 많이 준다 해도 그런 아르바이트만은 그만두는 편이 좋을 거야. 돈의 소중함을 모르게 되어 인생을 제대로 살아갈 수 없게 되니까.

B   사랑의 채찍이라 생각하고 들어줘. 그 남자가 어떤 사

람인지 알고 사귀는 거야? 아무렇지도 않게 사람을 속이는 인간이라고.

C 사랑의 채찍이라 생각하고 들어줘. ○×만은 그만두는 게 좋을 거야.

이처럼 가볍게 쓰이고 있는 듯하다.

누군가에게 쓴 소리를 할 때 지금부터 귀에 거슬리는 소리를 할 생각인데 그래도 참고 들어줘, 라는 말 대신으로 쓰이고 있는 것이리라.

"귀에 거슬리는 소리를 할 건데."

"듣기 싫을지 몰라도, 한마디만 할게."

이렇게 단도직입적으로 말하면 그만이다.

그런데 어째서 사랑이네, 채찍이네 하는 걸까?

"내 그 녀석을 따끔하게 가르쳤지. 하지만 그건 사랑의 채찍이기도 해."

이런 말도 어디선가 들은 적이 있는데 왠지 변명을 하고 있다는 느낌이 든다.

일부러 꾸며낸 것 같다는 인상밖에 주지 못한다.

어째서 불쾌한가 하면, 사랑이라는 추상적 개념에 채찍이라는 구체적 대상물을 늘어놓는 우스꽝스러움은 물론, 어이없게도 그것을 변명의 첫마디로 아무렇지도 않게 쓰는 어리석음이 우습기 때문이다.

그런 말을 들으면 '사랑의 채찍'이 아니라 '당근과 채찍'을 잘못 생각하고 있는 게 아니냐고 일침을 가하고 싶어진다.

애초부터 사랑 같은 것은 존재하지도 않기 때문에 사랑이라고 뻔뻔스럽게 말할 수 있는 것이며 채찍을 휘두르면 아프지만 애정이 있기에 하는 행동이니 용서하라는 궤변에 지나지 않는다. 사랑이 있다면 말없이 믿는 것이 참된 모습일 것이다.

마치 마조히스트와 다를 바가 없다.

"나를 사랑하는군요, 그럼 때리세요, 때려, 괜찮아요, 더 때려요! 부탁이에요, 아잉."

이런 세계에서나 통할 말이라고 생각하면 될 것이다.

'사디스트'냐고 의표를 찔러보는 것도 좋을 것이다.

버젓한 어른이 이런 말을 쓴다는 것 자체를 부끄럽게 생각해야 한다.

그리고 들은 사람도 그런 말에 신경을 쓸 필요가 전혀 없다.

아버지 사랑의 채찍이라 생각하고 들어. 다 생각해서 하는 말이야. 어렵게 들어간 대기업이잖아. 지금 아무리 힘들다 할지라도 거기를 그만두고 이름도 없는 중소기업에 가겠다니, 조급하게 생각해서는 안 돼. 네가 하고 싶은 일이라는 건 환상이야. 지금 회사에서 최소 3년 동안은 일한 뒤에 하도록 해.

아　들　아버지, 사랑은 알았어요. 하지만 사랑에 채찍은 필
　　　요 없다고 생각해요.

아버지　응? 너 내 말을 못 알아들었다는 거냐?

　　　어쨌든 사랑이네, 채찍이네 그런 말은 듣고 싶지 않
　　　아요.

아버지　○△×□…….

　　자기 생각대로 시키기 위해서 사랑의 채찍이라는 궤변을 늘
어놓을 필요는 없다.

　　"아버지는 이름도 없는 중소기업에서 쥐꼬리만 한 월급을
받으며 죽도록 일했지만 퇴직금도 얼마 받지 못했다. 그러니
너만은 이름 있는 대기업에서 사회적 신용도 얻고 출세를 했
으면 한다. 이건 아버지의 소망, 이루지 못한 꿈이란다."

　　이렇게 솔직하게 이야기해야 한다. 그러면 얘기도 한결 빨
라진다.

　　"아버지하고 저는 달라요!"

　　이것으로 끝이다.

　　사랑의 채찍으로 사람을 조종하려 해도 그렇게는 되지 않는
법이다.

A   사랑의 채찍이라 생각하고 들어.

B   사랑의 채찍? 싫어, 그렇게 야한 얘긴 듣고 싶지 않아, 그만둬!

"들어줘."라고 부탁받으면 즉시 거절하자. 이것이 상대방의 요구를 거절하는 최강의 대책임은 말할 필요도 없을 것이다.

point 03

| 애욕의 세계에서나 쓰는 말은 기분 나쁘다! |

자신의 요구를 관철시키기 위해서 사랑이네, 채찍이네 궤변을 늘어놓아 변명하며 설득해도 상대방이 받아들일 것이라는 기대는 버리는 것이 좋다!

"품격 없게!"

— 남의 품위를 따지기 전에 자신의 품위를 따지자!

2006년 유행어 대상의 영광을 차지한 것이 '품격'이라는 말이었다.

우선 수학자인 후지와라 마사히코 씨의 저서 『국가의 품격』 이 260만 부를 돌파하는 베스트셀러가 되었고, 그 후 TV연속 드라마 「파견의 품격(만능사원 오오마에)」도 높은 시청률을 기록했으며, 쇼와 여자대학 학장인 반도 마리코 씨의 저서 『여성의 품격』도 170만 부가 넘는 판매량을 기록했다.

'품격'이 굉장한 인기를 끈 것이다.

총리의 품격이 화두가 되었으며, 천하장사의 품격, 국회의원의 품격이 화제가 되었고 지금은 샐러리맨 사이에서도 "그녀석은 애초부터 과장으로서의 품격이 없어."라는 등 술집에서의 안주거리로 입에 오르내리곤 한다.

"품격 없게!"라는 소리를 들으면 누구나 가슴이 덜컥 내려 앉을 정도다.

동료A 자네 그 넥타이, 어떻게 좀 안 되겠어?

동료B 응? 특별나게 화려하지도 않고 너무 수수하지도 않 잖아? 뭐가 마음에 안 드는데?

동료A 음, 뭐라고 해야 하나, 왠지 품격이 떨어진다고나 할 까…….

동료B 어디가 품격이 떨어진다는 거야? 싸구려 같다는 거 야? 이래봬도 일단은 에르메스인데.

동료A 음, 뭐라고 하면 좋을까…….. 그러니까 역시 품격인 데……. 다시 말해서 품격이 안 느껴진다는 거야. 왠 지 모르게.

이처럼 사소한 대화에까지 '품격'은 진출했다.

분명히 말하지만 너무 많이 쓰이고 있다.

무엇보다도 품격의 정의와 해석도 애매하다.

품위나 격식이라는 의미로도 쓰이며 기품이나 신분, 권위나 지위라는 의미로도 쓰이고 균형 잡힘, 이성과 지성을 나타내 는 말로 쓰이기도 하며, 윤리감이나 청결함을 상징하는 말로도 쓰이고 있다.

극히 주관적인 견해여도 상관없는, 그야말로 제멋대로 쓸 수 있으며 타인을 동요시키기에 충분한, 불쾌함이 풍기는 말이라고 해도 좋을 것이다.

무릇 타인에 대해서 이래저래 평하는 태도 자체가 '품격이 떨어지는' 행위라고 생각되지 않는가?

조심성 없는 행동이다. 매너에도 어긋난다.

'품격이 떨어진다.' 며 타인을 냉소하는 빈곤한 정신이야말로 훨씬 더 커다란 문제로 삼아야 한다.

다시 말해서 정말 품격이 있는 사람은 "품격이 없다."는 둥, "품격이 떨어진다."는 둥, 처음부터 품격이라는 추상적인 개념으로 말을 하지 않는다.

상사　자네에게서는 품격이 느껴지지가 않아.

부하　네? 그, 그렇습니까? 그럼, 저는 어떻게 해야…….

상사　흠. 글쎄, 어떻게 해야 하는 걸까, 품격이라는 건 자연스럽게 갖춰져야 하는 것이니, 아주 어려운 문제야.

이런 품격이 떨어지는 상사의 말에 부하는 눈물을 흘릴 수밖에 없다.

싫다고 분명하게 말하면 될 것을 이런 추상적인 말로 사람을 속이는 것이다.

"언제나 주제넘게 나서는 자네의 태도가 마음에 들지 않아, 물러나 있어!"

"쥐처럼 생긴 자네의 얼굴이 마음에 들지 않아. 안경이라도 써서 얼굴의 인상을 바꿔!"

"밥 먹을 때 맛없다는 표정으로 먹지 마! 맛있게 먹어!"

이처럼 분명하게 말하면 될 것을 쓸데없이 품위 있는 척, 품격 운운하는 것이다.

이런 말은 하지 않는 것이 좋다.

품격이라는 말 자체를 쓰지 말아야 한다.

구체적 사실을 지적하여 어디가 싫고 어디가 마음에 들지 않는지를 분명하게 말해야 한다.

그러한 자세야말로 깨끗하고, 품격이 있는 것이다.

그렇다면 품격 운운하는 사람들에게는 어떻게 대처하면 좋을까?

상사   자네에게서는 품격이 느껴지지 않아.

부하   품격이란 너무 주관적이고 추상적인 개념이니 구체적 사실이나 예를 들어서 말씀해주십시오.

상사   흠, 그, 그런 점 때문에 자네에게서는 품격이 느껴지지 않는 거야.

부하　그런데 품격 운운하는 건 품격 있는 태도입니까?

상사　헛, 이제 그만 하세.

　이 정도로 말해도 화를 낼 정도가 아니라면, 그 사람에게도 품격이라는 말의 의미에 대해서 깊이 생각해볼 기회가 찾아올 것이다.

　상대가 상사가 아니라 동료라면 조심할 필요는 더욱 없다.

　"똑바로 얘기해봐! 품격이라는 말을 쓰지 말고!"

　이것만으로도 충분하다. 상대방은 당황할 것이다.

point 04
ㅣ 타인의 품격 운운하는 것은 품격이 떨어지는 사람이다! ㅣ

품격이라는 말은 극히 주관적이고 추상적인 개념이다. 상대방에게 분명히 전달해야 할 말을 얼버무리는 것이야말로 품격이 떨어지는 태도다.

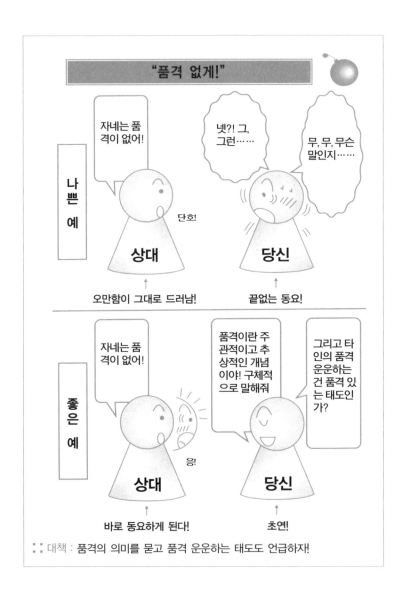

맺음말

"그 사람과 이야기를 나누면 즐거워!"

"그 사람과 이야기를 나누면 힘이 나!"

이런 평가를 받는 이유는 대화 속의 '사소한 말 한마디' 때문이다.

사람은 의식을 하든 하지 못하든, 언제나 '인정받고 싶다.', '칭찬받고 싶다.'는 승인욕구를 가지고 있기 때문에 상대방이 하는 말에 특히 민감한 법이다.

자신을 소중히 생각하고 있다는 사실이 느껴지면 점점 기뻐지며, 반대로 자신을 부정적으로 취급하고 있다는 느낌이 조금이라도 들면 바로 경계심의 포로가 된다.

당신이 별 생각 없이 던진 말에서, 표면상의 의미를 훨씬 초월하여 몇 십 배, 몇 백 배나 되는 부정적인 메시지를 느끼게 되는 경우조차 있는 법이다.

대화의 달인이라는 평을 듣는 사람들을 잘 관찰해보면 이와 같은 마이너스 요소를 멋지게 커버하고 있다는 사실을 깨닫게 될 것이다.

말에서 불쾌감이 느껴지지 않으며, 군더더기가 없는 말이면서도 개성이 없고 무미건조하지도 않으며, 압도적인 존재감을 발하는 인격이 거기에는 있다.

꼼꼼하기도 하고, 어눌하기도 하고, 거칠기도 하고, 사람에 따라서 성격은 제각각이지만 바로 거기에 모든 사람들이 기분 좋게 받아들이는 '대화법'의 요체가 있는 것이다.

이 대화법의 요체를 얻는 가장 빠른 지름길은 사실 '미움 받는 말버릇'을 철저하게 분석하고 검증하는 것이라는 점이 이 책의 주장이다.

이 책에서 다룬 대표적인 '미움 받는 말버릇'에 숨겨진 메시지를 해독한다면 당신은 이미 자신도 모르는 사이에 대화술 향상의 길에 커다란 한발을 내딛기 시작한 것이다.

모쪼록 마음이 내킬 때 이 책을 다시 한 번 읽어보시기 바란다. 그때마다 새로운 '깨달음'을 얻어 일상 대화에 자신감을 갖게 될 것이라 확신하고 있기 때문이다.

2014년 12월
가미오카 신지 & 일본심리파워연구소